Tony
Gaschler

Freude

durch Entfaltung

Der natürliche Weg zur Lebensfreude

5. Auflage 1982

ISBN 3-9800232-0-6

VORWORT

Auf nahezu allen Gebieten hat uns der technische Fortschritt unzählige Verbesserungen gebracht. Ein enormes Wissen und eine machtvolle Technik stehen zu unserer Verfügung. Das Zeitalter in Wohlstand und Frieden, nach dem wir uns schon immer gesehnt haben, scheint nun in greifbarer Nähe zu sein. Zufriedenheit und Freude müßten uns erfüllen.
Jedoch zeigt ein Blick in unsere Tageszeitungen und auch der Blick in die Gesichter unserer Mitmenschen, daß wir trotz der vielen Annehmlichkeiten nicht glücklicher und auch nicht gesünder geworden sind.
Es wird immer deutlicher, daß der technische Fortschritt weder die persönliche Reife, noch das friedliche Miteinander und auch nicht die Lebensfreude gefördert hat. Deshalb brauchen wir nicht nur technische, sondern ganz dringend auch „soziale Erfindungen", die uns in die Lage versetzen, die neuen Möglichkeiten unserer veränderten Welt für eine erfolgreiche und glückliche Entfaltung zu nutzen.
Das Vital-Kybernetik-Training, zu dem das vorliegende Buch eine Einführung und Ergänzung ist, kann man als eine solche „soziale Erfindung" betrachten.
Tony Gaschler, der dieses Buch bereits 1964 geschrieben hat, zeigt einen Weg, wie der Einzelne zur natürlichen Lebensfreude und zu einer erfolgreichen Lebensgestaltung finden kann. Gaschler, der sich konsequent am praktischen Nutzen

im **Alltag orientiert, ist kein weltfremder Theoretiker, son**dern ein Mensch, der das Leben kennt. Aus eigener Erfahrung und durch unzählige Gespräche, Beratungen, Lehrgänge und Seminare mit Menschen aus allen Berufs- und Altersgruppen ist er mit den Problemen unseres modernen Lebens auf das engste vertraut. Seine Fähigkeit zur einfachen allgemein verständlichen Darstellung macht das vorliegende Buch zu einem Werk, das vielen Menschen neue Impulse zur Entfaltung ihrer persönlichen Fähigkeiten und damit zu mehr natürlicher Lebensfreude geben wird.

Wilhelm Engel
INSTITUT FÜR VITAL-KYBERNETIK

Juli 1982

Oktober 1978

Inhalt

I. TEIL

DAS GRUNDGESETZ

DES LEBENS

Im Mittelpunkt dieses Buches steht der lebendige und nach Glück und Entfaltung strebende Mensch: SIE SELBER! Dieses Buch zeigt Ihnen einen neuen Weg, einen gangbaren und leicht verständlichen Weg, zu mehr Lebensfreude, Gesundheit und Erfolg. Wenn Sie diesen Weg gehen, werden Sie eine grundlegende Wandlung Ihrer ganzen Persönlichkeit erleben, die dazu führt, daß Sie ein glücklicher, gesunder und voll entfaltungsfähiger Mensch sein werden.

Das Leben ist ein ewig lebendiger Vorgang, ein ständiges Weiterschreiten von Gegenwart zu Gegenwart. Altes und Verbrauchtes wird laufend durch Neues ersetzt – und Neues wird wieder alt und es entsteht wieder Neues. In diesem ständig lebendigen Geschehen kann sich nur derjenige Mensch optimal entfalten, der sich laufend der Wirklichkeit anpassen kann und mit dem Leben und der Wirklichkeit im Einklang steht. Derjenige aber, der im Widerspruch mit dem Leben und mit der Wirklichkeit steht, wird sich nicht frei und optimal entfalten können, sondern darauf angewiesen sein, daß er die Entfaltungsfähigkeit anderer Menschen in Anspruch nimmt. Und das bedeutet: er kann sich nicht selber entfalten, sondern wird nur auf Kosten anderer Menschen an der Entfaltung des Lebens teilhaben können.

Vor vielen Millionen von Jahren gab es auf der Erde nur winzig kleine Lebewesen, die einzelligen Urbewohner der grauen Vorzeit. In der Zwischenzeit haben sich aus diesen einzelligen Lebewesen unzählige verschiedene Arten von Zellkomplexen und Zellsystemen gebildet. Viele davon stellen riesige Zellstaaten von unvorstellbarer Komplexität dar. Auch der Mensch ist, logisch gesehen, solch ein hochkomplexer Zellstaat. Der Körper des erwachsenen Menschen setzt sich aus etwa 60 Billionen einzelner Zellen zusammen. Jede einzelne dieser etwa 60 Billionen Körperzellen ist ein selbständiges Lebewesen. Das Leben der Zellen im Menschen ist ein dauerndes Werden und Vergehen. Jede Sekunde sterben in unserem Körper etwa an die 50 Millionen Zellen. Und jede einzelne Sekunde werden etwa 50 Millionen neuer Zellen geboren und nehmen den Platz und die Funktion der abgestorbenen Zellen ein. So ist alles im Menschen in einem ständigen Wandel, in einem dauernden „Stirb und werde“ begriffen. Nichts ist von Dauer. Trotzdem aber bleibt der Mensch im Grunde genommen derselbe.

Beschäftigt man sich intensiv mit der Biologie, mit der Lehre vom Leben, dann drängt sich ganz von selbst der Gedanke auf, daß alles Leben ganz und gar systematisch und zielorientiert abläuft. Und wenn man sich dazu noch mit der modernsten aller Wissenschaften, mit der Kybernetik beschäftigt, dann wird es einem klar, daß das Leben und damit auch alles Erleben und Geschehen im Menschen, nach festen und universal wirkenden Naturprinzipien und Naturgesetzen abläuft und funktioniert.

Die Kybernetik ist die Wissenschaft von den Steuerungs- und Regelungsfunktionen in Technik, Biologie, Soziologie und anderen Bereichen. Einfache mechanische und elektrische

Regelsysteme, wie z.B. der Thermostat im Kühlschrank, der Fliehkraftregler in der Dampfmaschine oder der automatische Schwundausgleich im Rundfunkgerät funktionieren genauso nach kybernetischen Prinzipien, wie das menschliche Nervensystem, das endokrine Drüsensystem oder das Herz-Kreislaufsystem. Auch gesellschaftliche Systeme, wie z.B. das Angebot-Nachfragesystem, das Lohn-Preissystem, und die verschiedenen Funktionen von Staat und Regierung, sind kybernetische Systeme, die man mit kybernetischer Methode erfassen, verstehen und sogar berechnen und zu einem gewissen Grade voraussagen kann.

Wenn man aus der Sicht der modernen Biologie und Kybernetik den Menschen und sein Leben betrachtet, dann kommt man zu der Überzeugung, daß das ganze Leben einem allgemein gültigen Grundgesetz, einem universalen Prinzip untersteht, das sowohl für den Menschen, wie auch für alle anderen Lebewesen gültig und wirksam ist. Und dieses vitalkybernetische Grundgesetz kann man auch in der Tat überall im Leben nachweisen. Es lautet: Jedes Lebewesen strebt von Natur aus nach einer optimalen Entfaltung der in ihm liegenden Entfaltungsmöglichkeiten. Auf den Menschen übertragen bedeutet das, daß sich jeder Mensch innerhalb seiner natürlichen, persönlichen und sozialen Wirklichkeit bestmöglich zu entfalten sucht.

Dieses Grundgesetz des Lebens ist bereits in jeder einzelnen Zelle wirksam, in jedem einzelnen Körpersystem und in jedem einzelnen Menschen. Es ist aber auch innerhalb jeder einzelnen Familie wirksam, wie auch in der gesamten menschlichen Gesellschaft, die wir als die derzeit höchste Entfaltungsform des irdischen Lebens betrachten können.

Jede einzelne, mikroskopisch kleine Körperzelle hat den kompletten Bau- und Funktionsplan des ganzen Menschen in sich. Dieser komplette Bau- und Funktionsplan ist in den Molekülen der Desoxyribonukleinsäure (DNS) im Innern jeder einzelnen Zelle vorhanden. Er ist dort in Form einer chemisch-energetischen Codierung im Sinne kybernetischer Informationen fixiert. Die moderne Wissenschaft kennt dieses biokybernetische Codierungsmuster ziemlich genau. Es setzt sich aus nur vier Informationseinheiten zusammen, man könnte auch sagen, aus den vier Grundbuchstaben des Lebens. Die unendliche Vielzahl dieser vier Grundbuchstaben des Lebens auf einem einzigen Molekül der Desoxyribonukleinsäure aber ergibt mehr Kombinationsmöglichkeiten, als das ganze Sonnensystem Atome besitzt.

Der in den Molekülen der Desoxyribonukleinsäure einer jeden Zelle vorhandene, komplette Bau- und Funktionsplan des Menschen bestimmt alle seine erbbedingten körperlichen Gegebenheiten, wie Grundform des Körpers, Bildung der Organe und Organsysteme, Bildung der natürlichen Funktionssysteme, wie überhaupt den ganzen körperlichen Menschen mit seinen unzähligen natürlichen Steuerungs- und Regelungsfunktionen, soweit diese vollautomatisch ablaufen. Das ganze Leben des Menschen ist überwiegend automatisch gesteuert und läuft daher, bis auf die wenigen bewußt steuerbaren Funktionen, vollautomatisch ab. Das bedeutet, daß der Mensch etwa zu 90 Prozent vollautomatisch funktioniert. Und alle diese Automatismen im Menschen laufen zielorientiert ab. Das bedeutet: sie laufen automatisch in Richtung auf eine optimale Entfaltung der im Menschen liegenden Entfaltungsmöglichkeiten ab.

Nur etwa 10 Prozent aller menschlichen Funktionen sind nicht in den Zellen programmiert. Diese müssen vielmehr erst im Laufe der Erziehung und der Lebenserfahrung erlernt und erworben werden.

Das natürliche Streben nach einer optimalen Entfaltung der in jedem Menschen liegenden Entfaltungsmöglichkeiten bedeutet von Natur aus nicht etwa eine rücksichtslose und auf Kosten anderer Menschen gehende Selbstentfaltung im Sinne eines hemmungslosen Strebens nach Erfolg, Macht, Reichtum und Einfluß. Dieses Entfaltungsstreben des Menschen ist vielmehr in Richtung auf eine optimale Gesamtentfaltung der menschlichen Gesellschaft zielorientiert. Und das bedeutet: eine Entfaltung innerhalb der natürlichen, der persönlichen und der sozialen Möglichkeiten und Gegebenheiten. In anderen Worten: eine tatsächlich lebensgewollte Entfaltung des einzelnen Menschen kann immer nur parallel mit der Zielorientierung der menschlichen Gesellschaft erfolgen. Nie aber gegen die Gesellschaft in Form einer hemmungslosen Selbstenfaltung.

Alles im Menschen ist nach vitalkybernetischen Funktionsprinzipien zielorientiert ausgerichtet. Diese Zielorientierung wird immer vom jeweils nächsthöheren System umfaßt. Schon die einzelne Zelle innerhalb eines Organs ist mit allen ihren einzelnen Funktionen zielorientiert auf die optimale Funktion des Gesamtorgans. Und das jeweilige Organ ist wiederum zielorientiert auf die optimale Funktion des ganzen Menschen. Der einzelne Mensch aber, der sich ja nur innerhalb seiner eigenen Lebensspanne entfalten kann, ist auf die Familie zielorientiert, die sich durch die Fortpflanzung auch über die Lebenszeit des einzelnen hinaus entfalten kann. Die Familie wiederum ist mit allen ihren eigenen Entfaltungsmöglichkeiten in Richtung auf die optimale Entfaltung der ganzen menschlichen Gesellschaft zielorientiert.

Das natürliche und naturgesetzliche Streben nach einer optimalen Entfaltung ist der lebendige Ausdruck des in jedem Menschen vorhandenen und wirksamen Lebenswillens. Gelingt die Entfaltung der tatsächlich im Menschen liegenden Möglichkeiten gut und einwandfrei, dann ist das Leben an ihm interessiert. Die Folge ist, daß er gesund bleibt und eine lange Lebenserwartung hat. Ist aber die Entfaltungsfähigkeit des einzelnen Menschen gestört – ganz gleich aus welchem Grunde und aus welcher Ursache – oder hat er keine Entfaltungsmöglichkeit mehr, dann hat auch das Leben an ihm kein Interesse mehr und die Folge ist, daß er schwach, leidend und krank wird. Und damit erlöscht langsam sein Lebenswille und er verliert das Interesse an seiner Umwelt und am wirklichen Geschehen und Erleben der Gegenwart. Mit diesem Augenblick eigentlich schon beginnt der Prozeß des langsamen Absterbens, der sich dann meist über Monate und Jahre hinzieht. Das jeweilige Lebensalter spielt dabei eine nur geringe Rolle. Der entfaltungsfähige Mensch wird durch seine Zielorientierung, die ja auf optimale Entfaltung ausgerichtet ist, von einer aktiven Einflußnahme auf das Leben seiner Mitmenschen langsam ausgeschlossen, isoliert und sozusagen auf einen langsam abwärts gehenden Leerlauf umgestellt.

Von der Entfaltungsfähigkeit und von den Entfaltungsmöglichkeiten des einzelnen Menschen hängt es ab, wieweit er gesund und funktionsfähig ist und wie lange er am Leben bleiben kann. Moderne Mediziner sind der Ansicht, daß Störungen in der Entfaltungsfähigkeit und ein Mangel an Entfaltungsmöglichkeiten eine sehr entscheidende Ursache der heute so weit verbreiteten Zivilisationskrankheiten sind.

Eine tatsächliche Entfaltung des Menschen ist immer nur innerhalb der natürlichen Möglichkeiten und Gegebenheiten möglich.

Und diese natürlichen Möglichkeiten und Gegebenheiten liegen immer innerhalb der raum-zeitlichen Wirklichkeit. Also in der Gegenwart, im HIER und im JETZT. Je mehr ein Mensch mit seinem vollen Bewußtsein innerhalb seiner natürlichen und raum-zeitlichen Wirklichkeit lebt, um so besser kann er sich entfalten. Je mehr er aber mit seinem Bewußtsein in einer unwirklichen Traum- und Phantasiewelt lebt, um so geringer ist seine Entfaltungsmöglichkeit. Die Praxis des Lebens zeigt es tagtäglich: Menschen, die im Diesseits, in der Gegenwart leben, gelingt die Entfaltung gut, ja ausgezeichnet. Anderen Menschen aber, die in einer unwirklichen Traumwelt, in einer Welt der Phantasie, des Jenseits oder in einer Welt der Vergangenheit oder der geträumten Zukunft leben, gelingt die Entfaltung nicht oder nur mangelhaft. Die Folgen einer solchen nicht oder nur mangelhaft gelingenden Entfaltung sind: körperliche Schwäche, dauernde Müdigkeit und Abgeschlagenheit, Mangel an geistigen Fähigkeiten, mangelndes Interesse an der Umwelt und an der Wirklichkeit, gesundheitliche Fehlfunktionen, Störungen und Krankheiten. Und damit eine nur geringe Lebenserwartung.

Eine echte Entfaltung ist nur innerhalb der persönlichen Wirklichkeit möglich. Jeder Mensch hat andere Voraussetzungen, andere Kenntnisse, Fähigkeiten, Eignungen, Neigungen und

Erfahrungen. Und jeder Mensch hat durch Erziehung und Ausbildung, wie auch durch Besitz und Vermögen, andere persönliche Entfaltungsfaktoren. Die persönliche Wirklichkeit ist bei jedem Menschen etwas anders. Und das ist bei der Entfaltung zu berücksichtigen. Eine echte und wahre Entfaltung ist daher nur innerhalb der persönlichen Gegebenheiten und Möglichkeiten, also innerhalb der persönlichen Wirklichkeit möglich.

Diese persönlichen Gegebenheiten und Möglichkeiten klar zu erkennen, ist die Voraussetzung zu einer klaren Zielorientierung der eigenen Selbstentfaltung. Wer versucht, sich ohne Berücksichtigung seiner ganz und gar persönlichen Entfaltungsmöglichkeiten, seiner Gegebenheiten und seiner individuellen Eigenschaften und Neigungen zu entfalten, wird immer erleben, daß er sich nicht entfalten kann, sondern bald in einer Traum- und Phantasiewelt der Ersatzentfaltung landet. Oder aber, wenn er mit aller Kraft versucht, sich außerhalb seiner persönlichen Wirklichkeit entfalten zu wollen, wird er erleben, daß er sich übermäßig anstrengen muß und daher innere wie äußere Verkrampfungen bekommt, die dann wiederum zu den mannigfaltigsten gesundheitlichen Störungen und Krankheiten führen. Jeder Versuch, sich außerhalb seiner persönlichen Gegebenheiten und Möglichkeiten zu entfalten, wird letzten Endes scheitern und Mißerfolge, Gesundheitsstörungen und ein früher Verbrauch des Körpers wie auch der geistigen Funktionen wird das Ergebnis sein.

Zur echten und tatsächlichen Entfaltung gehört auch die Berücksichtigung der sozialen Wirklichkeit. Auch diese ist bei den meisten Menschen verschieden gestaltet. Zur sozialen Wirklichkeit gehört zunächst einmal die eigene Familie. Eine

Entfaltung gegen die Interessen der Familie kann nicht gelingen, weil die Familie ja die eigentliche Grundlage der Entfaltung und des Entfaltungsstrebens im Sinne der vitalkybernetischen Zielorientierung des Einzelmenschen darstellt. Und diese Zielortientierung des Einzelmenschen bestimmt ja nicht nur die Richtung des Entfaltungsstrebens, sondern auch die Intensität desselben. Daher ist jeder Entfaltungsversuch gegen die Interessen der eigenen Familie bereits von Natur aus durch einen Mangel an Strebensintensität gehemmt.
Zur sozialen Wirklichkeit des einzelnen gehören auch seine Mitmenschen, seine Bekannten, Berufskollegen, Mitarbeiter, Freunde und Feinde. Auch diese Gegebenheiten sind bei der Entfaltung zu berücksichtigen. Eine egozentrische und asoziale Entfaltung führt zwangsläufig in eine Sackgasse. Jede einzelne der etwa 60 Billionen Körperzellen im Menschen ist ja von Natur aus auf eine Förderung der Entfaltung der ganzen menschlichen Gesellschaft programmiert. Und diese Programmierung ist dauernd wirksam. Sie zeigt sich beim Verstoß gegen ihre Zielrichtung im Gefühl und Gemüt als schlechtes und hemmendes Gewissen. Und wie man heute weiß, ist das, was wir unser Gewissen nennen, das Wahrnehmen elektrochemischer Vorgänge innerhalb des Körpers. Und diese elektrochemischen Vorgänge wirken über das neuro-humorale Steuersystem auf den ganzen Körper. Der Versuch, sich gegen die Interessen der eigenen Familie und der ganzen menschlichen Gesellschaft rücksichtslos, hemmungslos oder gar asozialkriminell entfalten zu wollen, löst durch unterbewußte Mechanismen effektive Entfaltungshemmungen aus, die dann eine solche Entfaltung scheitern lassen, zu einem Mißerfolg werden lassen und zugleich stellen sich auch gesundheitliche

Folgen ein. Viele Leiden und Krankheiten sind auf solche vergebliche und lebensfeindliche Entfaltungsversuche zurückzuführen.
Wird eine Entfaltung außerhalb der natürlichen, persönlichen und sozialen Gegebenheiten und Möglichkeiten lange Zeit hindurch versucht, dann kommt es mit der Zeit zu ernsthaften Gemütsleiden und mental-somatischen Störungen, die man allgemein unter der Bezeichnung Neurosen kennt. Und in Fällen, wo eine solche Entfaltung im Widerspruch mit dem Leben und mit der Wirklichkeit weiterhin angestrebt wird, können sich sogar Geisteskrankheiten, Kriminalität und Selbstmordtendenzen einstellen. Das alles sind logische Folgeerscheinungen eines Lebens, das im Widerspruch mit der Zielorientierung des Menschen abläuft.
Das Leben strebt die Entfaltung eines jeden Menschen an. Nicht nur die Entfaltung einzelner. Daher bewirkt jeder rücksichtslose, hemmungslose, asoziale oder gar kriminelle Selbstentfaltungsversuch Entfaltungshemmungen, die zu Gesundheitsstörungen und Krankheiten führen.
Eine lebensgewollte Entfaltung ist grundsätzlich NUR innerhalb der natürlichen, persönlichen und sozialen Wirklichkeit möglich. Dies zu erkennen, ganz klar und eindeutig zu erkennen, mag bei vielen Menschen, die bisher im Widerspruch mit dem Leben gelebt haben, der Beginn zu einer Umkehr und damit der Beginn eines neuen Lebens sein.

GLÜCKSERLEBEN

UND ENTFALTUNG

Die vom Leben angestrebte Entfaltung der im Menschen liegenden Entfaltungsmöglichkeiten ist in der Praxis nur dann möglich, wenn der Mensch im Vollbesitz seiner körperlichen und geistigen Leistungsfähigkeit ist. Das Leben strebt nach einer optimalen, also nach einer bestmöglichen Entfaltung. Und dazu ist die volle Leistungsfähigkeit die Voraussetzung. Wann aber ist der Mensch tatsächlich im Vollbesitz seiner körperlichen und geistigen Leistungsfähigkeit?

Die moderne Wissenschaft sagt: Der Mensch ist nur dann im Vollbesitz seiner körperlichen und geistigen Leistungsfähigkeit, wenn er sich glücklich fühlt.

Das menschliche Nervensystem ist von Natur aus auf Glückserleben eingestellt. Es funktioniert daher nur dann einwandfrei, wenn sich der Mensch glücklich fühlt. Auch die körperlichen Organe und Organsysteme funktionieren nur dann einwandfrei und ungestört, wenn sich der Mensch glücklich fühlt. Wissenschaftler haben sogar festgestellt, daß die Sinnesorgane und auch die geistigen Fähigkeiten nur beim glücklichen Menschen voll funktionieren. Selbst die Widerstandskraft gegenüber Krankheiten – auch gegenüber ansteckenden Krankheiten! – ist nur dann voll wirksam, wenn der Mensch glücklich ist. Ebenso funktionieren die Regenerationsfähigkeit, die Genesungsfähigkeit und die Heilfunktionen bei Krankheiten nur dann voll und einwandfrei, wenn sich der Mensch in einem glücklichen Bewußtseinszustand, in einer glücklichen Stimmung befindet. Und so verfügt der Mensch tatsächlich nur dann über alle seine körperliche und geistige Leistungsfähigkeit, wenn er in einem Bewußtseinszustand des Glückserlebens ist.

Der Bewußtseinszustand des Glückserlebens ist daher die Voraussetzung für die vom Leben gewollte und angestrebte optimale Entfaltung des Menschen innerhalb seiner natürlichen, persönlichen und sozialen Wirklichkeit. Und dies ist der Grund dafür, daß jeder Mensch solange nach Glückserleben strebt, bis sich dieser Bewußtseinszustand in der Tat eingestellt hat. Der Bewußtseinszustand des Glückserlebens ist daher auch der ganz und gar normale und natürliche Bewußtseinszustand des Menschen. Nur dann, wenn dieser Bewußtseinszustand vorhanden ist, verfügt der Mensch über seine volle Funktionsfähigkeit, über seine volle körperliche und geistige Leistungsfähigkeit und damit als logische Folge auch über seine optimale Entfaltungsmöglichkeit.

Die Meinung, daß das Streben nach Glück und Glückserleben unmoralisch, selbstsüchtig oder gar schlecht sei, kann nicht stimmen. Das Streben nach Glückserleben ist ja die ganz natürliche Voraussetzung zu jeder echten, tatsächlichen und lebensgewollten Entfaltung. Und wer wollte ernsthaft annehmen, daß das Streben des Lebens unmoralisch, selbstsüchtig oder gar schlecht ist?

Damit das Streben nach Glückserleben und damit das Streben nach Entfaltung das ganze Leben hindurch voll wirksam bleibt, besitzt der Mensch in seinem Gehirn (im Hypophysen-

Thalamussystem) eine Steuersystem, das man als Glückszentrum bezeichnen kann. Dieses Steuersystem, das heute weitgehend erforscht ist, steuert tagtäglich den Menschen in Richtung auf ein optimales Glückserleben. Sobald sich der Bewußtseinszustand des Glückserlebens eingestellt hat, schaltet das Leben erst auf Entfaltung. Dann kommen einem ganz von selber die richtigen Ideen und Gedanken, die in lustbetonter Weise die Aufmerksamkeit und damit das Bewußtsein in die Richtung auf eine bestmögliche Entfaltung innerhalb der natürlichen, persönlichen und sozialen Wirklichkeit hinweisen und hinlenken.

Es ist ja eine altbekannte Tatsache, daß dem Glücklichen die richtigen und entfaltungsfördernden Ideen, Gedanken und Zielvorstellungen ganz von selber, ganz automatisch kommen. Und daß der Glückliche immer Lust zu jeder entfaltungsfördernden Tätigkeit hat und dadurch sich tatsächlich auch bestmöglich entfaltet, solange sein normaler und natürlicher Bewußtseinszustand des Glückserlebens anhält.

Wer sich in solchen Augenblicken der glücklichen und beglükkenden Entfaltung selber beobachtet, wird immer feststellen können, daß diese Entfaltung aus dem Bewußtseinszustand des Glückserlebens heraus immer eine echte und tatsächliche Entfaltung in Richtung auf die Entfaltung der eigenen Familie und der ganzen menschlichen Gesellschaft ist.

Die Entfaltung des Glücklichen innerhalb seiner natürlichen, persönlichen und sozialen Wirklichkeit gelingt leicht, spielend leicht. Und sie gelingt einfach und scheinbar ganz ohne Anstrengungen, ohne übermäßigen Energieverbrauch und ganz ohne körperliche oder geistige Verkrampfungen. Und es sind zu einer solchen Entfaltung auch keinerlei schlechte Gedanken oder Spekulationen nötig, wie man sich vielleicht auf Kosten anderer Personen oder gar auf Kosten der menschlichen Gesellschaft entfalten könnte.

Ganz anders dagegen sind die vergeblichen Entfaltungsversuche unglücklicher Menschen. Schon das Suchen nach entfaltungsfördernden Ideen, Gedanken und Möglichkeiten ist eine geistige Anstrengung und eine kaum zu bewältigende geistige Leistung, die durch und durch verkrampft und anspannt. Und sollte dann tatsächlich eine Idee oder Möglichkeit gefunden sein, die eine Entfaltung verspricht, dann fehlt sowohl die körperliche wie auch die geistige Leistungsfähigkeit, um die Entfaltung tatsächlich zu verwirklichen. Welche unnötigen und erfolglosen Bemühungen und Anstrengungen werden von unglücklichen und damit entfaltungsunfähigen Menschen versucht. Die Folgen sind aber immer die gleichen und das Ergebnis ist, daß die Entfaltung entweder nicht gelingt, oder aber, daß sie in eine Richtung geht, die, von der Zielorientierung des Lebens aus gesehen, gar keine Entfaltung darstellt.

Eine tatsächliche Entfaltung ohne Glückserleben gelingt nicht. Wenn sich der Mensch nicht glücklich fühlt, kann er sich nicht entfalten. So viel er es auch mit aller Kraft versuchen will, er wird immer wieder versagen, Mißerfolge und Enttäuschungen ernten und dazu auch noch seine Gesundheit schädigen. Das Leben arbeitet logisch und nach Erfahrungen, die es sich im Laufe vieler Jahrmillionen erworben hat. Zuerst einmal will das Leben einen glücklichen und voll leistungsfähigen Menschen. Dann erst will es die Entfaltung der in ihm liegenden Entfaltungsmöglichkeiten verwirklichen.

Damit die volle Leistungsfähigkeit während einer entfaltungsfördernden oder während einer direkt entfaltenden Tätigkeit aufrechterhalten bleibt, wird ganz automatisch – vom Glückszentrum aus gesteuert – jede echte Entfaltung lustbetont und beglückend erlebt. Und dadurch bleibt der normale und natürliche Bewußtseinszustand des Glückserlebens aufrechterhalten. Und da dies die volle Leistungsfähigkeit aufrechterhält, fallen einem selbst die schwersten Tätigkeiten und Anstrengungen in Richtung auf eine echte und lebensgewollte Entfaltung leicht. Die Ermüdung ist gering und man hat Ausdauer, Lust und Freude.

Wenn eine Tätigkeit in Richtung auf eine vermeintliche Entfaltung keine Lust und keine Freude macht, sondern im Gegenteil Unlust und Mißmut hervorruft, dann liegt in dieser Richtung keine echte und lebensgewollte Entfaltungsmöglichkeit. Wenn man sich also zwingen muß, sich übermäßig anstrengen muß und sich dadurch überarbeitet und verkrampft, dann liegt keine echte Entfaltung vor, sondern höchstens eine Tätigkeit, die eine eingebildete und unwirkliche Ersatz- oder Phantasieentfaltung ist; oder aber eine Tätigkeit, die eine spätere echte Entfaltung stören, hemmen oder gar verhindern wird.

Eine echte und lebensgewollte Entfaltung liegt nur dann vor, wenn man sich glücklich fühlt, wenn man ein heiteres Gemüt hat, wenn man gelassen und gelöst ist und wenn man sich im Vollbesitz seiner körperlichen und geistigen Leistungsfähigkeit fühlt. Glückserleben, eine fröhlich-heitere Gelassenheit, Lebensfreude und Lebensmut, eine angenehme und positive Stimmung, das ist die Grundlage einer echten Entfaltung. Nur dann sind tatsächlich alle Funktionen im Körper normal. Nur dann ist man im Vollbesitz aller seiner Leistungsfähigkeit, seiner Spannkraft und seiner Energie.

Diese positiven Faktoren stellen sich ganz automatisch ein, wenn man im Einklang mit dem Leben, mit dem Lebenswillen und mit der Zielorientierung des Lebens ist. Das richtige Denken, die richtige geistige Einstellung, die nötige Konzentration und Geistesgegenwart, das klare Wollen in Form eindeutiger Zielvorstellungen, das richtige Tun und auch das richtige Unterlassen, das alles ist dann nur noch eine logische Folge des Im-Einklang-Seins mit dem Wollen des Lebens und seiner, auf die Entfaltung von Familie und Gesellschaft gerichteten, Zielorientierung. Wer aber im Widerspruch mit dem Wollen und der Zielorientierung des Lebens ist, erreicht immer gerade das Gegenteil dessen, was er sich zu erreichen hofft.

DER FUNKTIONSMECHANISMUS DES GLÜCKS

Wie funktioniert nun das Streben nach Glückserleben? Und unter welchen Bedingungen stellt sich der normale und natürliche Bewußtseinszustand des Glücklichseins ein?

Es gibt Bedingungen, unter denen ein Glückserleben möglich ist; es gibt Bedingungen, unter denen sich ein Glückserleben ganz automatisch einstellt; und es gibt Bedingungen, unter denen sich ein Glückserleben nicht einstellen kann. Diese wollen wir nun kennenlernen.

Zunächst einmal steht fest, daß Glückserleben ein Zustand des Bewußtseins ist. Daher ist Glückserleben in jedem Falle eine Sache des Erlebens innerhalb der raum-zeitlichen Wirklichkeit. Man kann also NUR in der Gegenwart, im Diesseits, im HIER und im JETZT glücklich sein. Die meisten Menschen träumen vom Glück und leben dabei in einer unwirklichen Traum- und Phantasiewelt. Andere wieder leben in einer Welt der Vergangenheit oder in einer Welt der noch unwirklichen Zukunft. Und in dieser unwirklichen Welt der Träume, der Phantasie, der Vergangenheit und der Zukunft ist ein Glückserleben deshalb nicht möglich, weil eine Entfaltung nur innerhalb der Wirklichkeit des HIER und JETZT möglich ist. Geträumtes und phantasiertes Glück ist immer ein Ersatzglück. Es steigert daher weder die körperliche noch die

geistige Leistungsfähigkeit.
Viele Menschen leben dauernd in der Hoffnung auf Glück. Sie sehnen sich nach Glück, wünschen sich Glück und stellen sich dabei etwas vor, das irgendwann einmal, in der nahen oder fernen Zukunft, von außen auf sie zukommen sollte. Dabei aber ist echtes Glückserleben immer eine Sache des tatsächlichen Erlebens in der Gegenwart. Und schließlich ist Glückserleben ja ein Bewußtseinszustand und kein Ding, das von irgendwoher auf den Menschen zukommen könnte. Glückserleben ist auch eine Sache eines gewissen „ICH BIN" und damit ein Seinszustand.
Hoffen, Sehnen und Wünschen aber sind geistige Vorstellungsrichtungen, die sich auf die Zukunft beziehen. Sie beziehen sich daher nicht auf die Gegenwart, nicht auf das HIER und JETZT. Und somit fördern sie das Eintreten eines Glückserlebens nicht, sondern hindern es und verschieben es dauernd auf die Zukunft, machen es also in Wirklichkeit unmöglich. Das menschliche Bewußtsein kann nur einen einzigen Bewußtseinszustand zur selben Zeit erleben. Überall dort, wo ein Hoffen, Sehnen und Wünschen erlebt wird, kann sich daher kein Seinszustand im Sinne eines „ICH BIN" einstellen, also auch kein: ICH BIN GLÜCKLICH!
Wenn Sie bei sich selber Beobachtungen anstellen und darüber nachdenken, was Sie glücklich macht und was Sie bisher glücklich gemacht hat, dann gelangen Sie mit Sicherheit zu der Überzeugung: Glückserleben tritt immer nur dann ein, wenn man mit seinem vollen Bewußtsein voll und ganz am Erleben und Geschehen der Gegenwart Anteil nimmt. Das bewußte Anteilnehmen am jeweiligen Erleben und Geschehen des HIER und JETZT, das Sie voll und ganz in Anspruch

nimmt, so stark in Anspruch nimmt, daß Sie ganz und gar in diesem Erleben und Geschehen aufgehen und dabei sich selber vergessen, das ist derjenige bewußtseinsmäßige Vorgang der glücklich macht.

In anderen Worten: Glückserleben ist ein Vorgang des: „ICH BIN im HIER und JETZT GLÜCKLICH", also ein Seinsvorgang, in dem Sie mit Ihrem ganzen Wesen voll und ganz aufgehen. Ein Vorgang, in dem Sie mit dem jeweiligen Geschehen des jeweiligen Augenblicks identisch sind. Sie und das Erleben der Gegenwart ist eine existentielle Einheit. Ganz gleich, ob es sich dabei um das Erleben eines Fußballspieles handelt, um eine berufliche Tätigkeit oder um einen Spaziergang durch den Wald.

Es gibt unzählige Möglichkeiten zu einem Glückserleben. Oft sind es Möglichkeiten, die an sich sinnlos, absichtslos und zwecklos erscheinen. Manchmal aber sind es solche Dinge, die höchst bedeutsam, höchst wichtig und höchst sinnvoll erscheinen. Das moderne Zweckdenken ist wahrscheinlich die Hauptursache, daß gerade heute so wenige Menschen glücklich sind. Man ist es gewohnt, nur das Zweckmäßige, das Erfolgbringende, das Bedeutsame und Sinnvolle als erstrebenswert anzusehen. Dabei aber geht es dem Leben nicht darum, was der moderne Mensch infolge seiner Erziehung und der daraus entstehenden Mentalität als erstrebenswert ansieht, sondern darum, was tatsächlich glücklich macht, was beglückt und dadurch voll leistungsfähig macht. Dem Leben geht es einzig und alleine darum, den Bewußtseinszustand des Glückserlebens herzustellen und dadurch die volle Leistungsfähigkeit und Entfaltungsfähigkeit zu erreichen. Die Mittel dazu sind solche Dinge, Erlebnisse und Geschehen, die Freude machen, die Lust machen, die Spaß machen, die beglücken und schließlich glücklich und voll leistungsfähig machen. Erst dann, wenn sich der Mensch glücklich und im Vollbesitz seiner Leistungsfähigkeit fühlt, beginnt der Sinn und Zweck des Lebens: die Entfaltung innerhalb der natürlichen, persönlichen und sozialen Wirklichkeit des Menschen. Das aber, was der einzelne Mensch auf Grund seiner Erziehung als sinn- und zweckvoll betrachtet, ist dem Leben eventuell unwichtig und uninteressant.

Die Bedingungen, unter denen sich ein Glückserleben einstellen KANN, liegen immer innerhalb der natürlichen, persönlichen und sozialen Möglichkeiten des einzelnen Menschen. Die vollbewußte Anteilnahme an einem natürlichen Erleben und Geschehen; die vollbewußte Anteilnahme an einem sozialen Erleben und Geschehen; das sind Bedingungen, unter denen sich ein Glückserleben einstellen kann. Warum wohl gibt es so viele Naturfreunde, Sportsfreunde, Kunstfreunde, Hobbyfreunde, Urlaubsreisende, Fischer, Jäger usw.? Weil in allen diesen Dingen Möglichkeiten zu einer vollen und ganzen Anteilnahme am Erleben und Geschehen des jeweiligen HIER und JETZT und SOSEINS liegen, also Möglichkeiten zu einem Glückserleben.

Die Bedingungen, unter denen sich ein Glückserleben ganz automatisch einstellt, sind: 1. Vollbewußte Anteilnahme am jeweiligen Erleben und Geschehen des HIER, JETZT und SOSEINS. 2. Das restlose und die ganze Persönlichkeit und das ganze Wesen erfassende Aufgehen in diesem Erleben und Geschehen. 3. Das Vergessen seiner eigenen kleinen Ichperson infolge des restlosen Aufgehens im Erleben und Geschehen des jeweiligen Augenblicks. 4. Das Fehlen negativer Gedanken, Gefühle und Gemütsbewegungen, also die Abwesenheit aller negativen Emotionen. Überall dort, wo diese vier Faktoren zu einem einheitlich und vollbewußten Erleben und Geschehen zusammentreffen, stellt sich automatisch ein Glückserleben ein.

Die Bedingungen, unter denen sich ein echtes und entfaltungsförderndes Glückserleben NICHT einstellen kann, sind: 1. Leben in einer unwirklichen Welt der Tagträume, der Phantasie, des Hoffens und Sehnens. Dazu gehören auch: Grübeln, Dösen, Nachdenken und Spekulieren über unwirkliche Dinge und andere Beschäftigungen, die sich außerhalb der natürlichen, persönlichen und sozialen Wirklichkeit nur in einer unwirklichen Innenwelt abspielen. 2. Negative Gedanken, negative Gefühle, negative Emotionen, wie Angst, Ärger, Zorn, Wut, Haß usw. 3. Gedanken, die sich auf einer asozialen Ebene abspielen, Gedanken und Emotionen, die sich gegen das Interesse der eigenen Familie oder gegen die Interessen der menschlichen Gesellschaft richten. Dazu gehören auch: kriminelle Gedanken und Gefühle, Konkurrenzstrebungen und Feindschaften mit anderen Personen und Personengruppen, Vorurteile religiöser, rassischer oder weltanschaulicher Art und die sich aus solchen Gedanken und Vorurteilen ergebenden negativen und der natürlichen Zielorientierung des Lebens entgegenstehenden Emotionen. 4. Gedanken, Strebungen, Hoffnungen, Vorstellungen und Gefühle, die sich einzig und alleine um die eigene Person drehen. Dazu gehören auch: selbstsüchtige und egozentrische Überlegungen und Spekulationen, wollüstige Gedanken und Gefühle, rechthaberische und racheerfüllte Gedanken und Gefühle und solche Gedanken, Vorstellungen und Gefühle, die sich auf die eigene Minderwertigkeit, Unterlegenheit, Überlegenheit oder Überheblichkeit beziehen.

Überall dort, wo solche negative Faktoren im Bewußtsein vorhanden sind, kann ein Glückserleben nicht eintreten. Der ganze Mensch, mit allen seinen vielen Steuerungs- und Regelungssystemen, ist ja von Natur aus auf die Zielorientierung des Lebens eingestellt. Und das Leben strebt nach einer optimalen Entfaltung aller Menschen. Daher hat das Leben keinerlei Interesse daran, daß auch solche Menschen glücklich und damit voll leistungs- und entfaltungsfähig sind, die sich irgendwie, sei es in Gedanken, Vorstellungen oder Emotionen, gegen die Zielorientierung des Lebens richten. So reguliert sich das Leben selber. Und so setzt es seinen Willen durch: den Lebenswillen, der nach einer glücklichen Entfaltung aller Menschen strebt.

EMOTIONEN SIND DIE SPRACHE DES LEBENS

Das Leben strebt nach einer bestmöglichen Entfaltung der in jedem Menschen vorhandenen Entfaltungsmöglichkeiten innerhalb seiner natürlichen, persönlichen und sozialen Wirklichkeit. Diese Entfaltung ist aber nur dann möglich, wenn der Mensch über seine volle körperliche und geistige Funktions- und Leistungsfähigkeit verfügt. Und über diese verfügt er nur dann, wenn er in seinem normalen und natürlichen Bewußtseinszustand des Glückserlebens ist. Mit welchen Mitteln arbeitet nun das Leben, um den Menschen – der ja über eine eigene Wahl- und Entscheidungsfreiheit verfügt – immer wieder dazu zu bringen, daß er der Zielorientierung des Lebens folgt?

Das Leben bedient sich dazu seiner eigenen Sprache: der EMOTIONEN. Um ganz klar zu verstehen, was Emotionen sind, müssen wir auf diesen Begriff näher eingehen. Emotionen sind Gemütsbewegungen, innere Bewegungen, gemütsmäßige Bewegungsvorstellungen. Eine Emotion ist eine innerliche, eine innere Bewegung des Gemüts und der gemütsmäßigen Vorstellungswelt. Verwandte Begriffe sind: Motiv = Beweggrund, Motilität = Beweglichkeit, Motor = Beweger, Motorik = Bewegungslehre. Eine Emotion ist etwas, das den Menschen innerlich bewegt, eine Gemütsbewegung, ein bewegendes Gefühl, eine bewegende Aufregung, eine bewegende Anregung, eine bewegende Erregung, eine innerlich bewegende, bildhafte und lebendige Vorstellung. Das alles können wir als eine Emotion bezeichnen. So ist also alles das, was uns innerlich gemütsmäßig und gefühlsmäßig erregt und vorstellungsmäßig bewegt, eine Emotion.

Hier eine Aufzählung einiger der am häufigsten vorkommenden Emotionen: Andacht, Angst, Ärger, Abneigung, Bewunderung, Befriedigtsein, Begeisterung, Dankgefühl, Enttäuschung, Ekel, Freude, Freiheitsgefühl, Glücksgefühl, Geringschätzung, Gram, Haß, Hemmungsgefühl, Heldenverehrung, Hoffnung, Hoffnungslosigkeit, Kränkung, Kummer, Liebe, Lust, Lebhaftigkeit, Mitleid, Mut, Neugier, Opferbereitschaft, Panik, Reue, Rache, Scham, Scheu, Schauder, Schreck, Schuldgefühl, Stolz, Triumphgefühl, Unlust, Unsicherheit, Unterlegenheitsgefühl, Überlegenheitsgefühl, Verachtung, Verdruß, Verehrung, Verlegenheit, Verzweiflung, Vorwurf, Wohlgefühl, Wollust, Wut, Zartgefühl, Zorn, Zufriedenheit, Zuneigung usw.

Es gibt positive Emotionen, die man als angenehm empfindet und negative Emotionen, die man als unangenehm empfindet. Freude, Liebe, Lust und Glücksgefühl werden als angenehm empfunden. Ärger, Gram, Haß und Zorn dagegen empfindet man als unangenehm.

Alle Emotionen haben von Natur aus das eine Ziel: den Menschen unablässig in Richtung auf seine Zielorientierung einzustellen und solche Lebensbedingungen zu ermöglichen, aufrechtzuerhalten oder wieder herzustellen, die eine optimale Entfaltung ermöglichen. Die Emotionen bewirken von Natur aus diese Einstellung in Richtung auf die natürliche Zielorientierung des Menschen automatisch, wenn sie nicht gestört, nicht gehemmt und nicht unterdrückt werden. Das klare Ziel aller Emotionen ist immer und überall: GLÜCKSERLEBEN und dadurch die praktische Ermöglichung einer optimalen ENTFALTUNG.

Jede Emotion besteht aus zwei Faktoren, die zusammen im menschlichen Bewußtsein als eine Einheit erlebt werden. Und zwar aus einem Gemütszustand und aus einer Bewegungsvorstellung. Die Gemütszustände, wie Angst, Ärger, Abneigung usw. haben wir bereits aufgezählt. Sie sind leicht zu verstehen und zu begreifen, da man sie ja im Laufe des Lebens immer wieder erlebt. Nun wollen wir noch die zu den Emotionen gehörenden Bewegungsvorstellungen aufzählen. Solche sind: Her zu mir, Weg von mir, Hin zu dir, Weg von dir, Festhalten, Loslassen, Geschehenlassen (nicht eingreifen), Hemmen (nicht geschehen lassen, unterbinden), Zuschauen, Abwenden, Mitmachen usw. Beide Teile einer Emotion, der Gemütszustand und die Bewegungsvorstellung treten gleichzeitig auf und werden als Einheit erlebt.

Ein Ärger kann bedeuten: Weg von mir mit dem, was mich ärgert, weil es meinen natürlichen und zur Entfaltung notwendigen Bewußtseinszustand des Glückserlebens verhindert. Ärger kann aber auch bedeuten: Loslassen der Gedanken, die mich ärgern. Freude kann bedeuten: Hin mit mir zu dem, was mir Freude macht und damit Glückserleben ermöglicht. Zuneigung kann bedeuten: Hin zu dem, was mich beglücken kann. Abneigung kann bedeuten: Weg von dem, was mir meine glückliche Stimmung raubt. So hat jede einzelne Emotion eine Bewegungsvorstellung, eine Aktionsvorstellung in sich. Und diese Aktionsvorstellung hat den Zweck, sich irgendwie durch Bewegung, Tätigkeit, Ausdruck usw., also durch eine AKTION auszudrücken, damit sie ihr Ziel erreichen kann. Und das Ziel aller Emotionen ist es ja: 1. Lebensbedingungen aufrechtzuerhalten, die ein Glückserleben und damit eine Entfaltung ermöglichen; 2. Tatsachen und Gegebenheiten zu beseitigen oder sich ihrem Wirkungsbereich zu entziehen, soweit sie sich einem Glückserleben und damit einer Entfaltung entgegenstellen; 3. Tatsachen und Gegebenheiten an sich heranzuziehen oder sich zu ihnen hinzubewegen, die ein Glückserleben und damit eine Entfaltung ermöglichen. Jede Emotion ist also zielorientiert in Richtung auf Glückserleben, volle Leistungsfähigkeit und optimale Entfaltung.

Die speziellen Funktionen, welche durch Emotionen ausgelöst werden, werden durch die jeweilige Intensität (Heftigkeit, Stärke, Wirksamkeit) der Emotionen bestimmt. So kann eine schwache Emotion vielleicht nur die bewußte Aufmerksamkeit in diese oder jene Zielrichtung lenken. Eine stärkere Emotion drückt sich vielleicht in Worten, Gesten oder in Form eines ihr entsprechenden Gesichtsausdruckes aus. Eine starke und heftige Emotion aber löst wahrscheinlich diese oder jene Handlung und Tätigkeit aus. So hat jede Emotion eine ihrer Intensität entsprechende, tatsächliche Wirkung.

Diese Wirkung von Emotionen geht zugleich in zwei Richtungen: 1. Die zu einer Emotion gehörende Bewegungsvorstellung steuert über das motorische Nervensystem den Ausdruck, die Handlung oder Tätigkeit. 2. Der Gemütsinhalt einer Emotion steuert über das vegetative Nervensystem und das mit diesem zusammenwirkende endokrine Drüsensystem die für den tatsächlichen Ausdruck einer Emotion nötige Körpereinstellung. Diese beiden Wirkungen laufen unterbewußt-automatisch ab. Und sie laufen bei jeder Emotion ab, ganz gleich ob wir sie ausdrücken oder nicht. Und darin liegt eine Gefahr für solche Personen, die im Laufe ihrer Erziehung gelernt haben, ihre Gefühle und Emotionen zu unterdrücken und zurückzuhalten. Die durch Emotionen ausgelösten körperlichen Reaktionstendenzen und Organeinstellungen bleiben nämlich beim Nichtausdrücken und Zurückhalten von Emotionen bestehen und lösen Fehlfunktionen, Spannungen und Krankheiten aus.

Die Bewegungs- und Aktionsvorstellungen, die bei Emotionen bewußt werden, entsprechen etwa den primitiven Bewegungsvorstellungen einzelliger Lebewesen. Betrachtet man solche Einzeller, z.B. Amöben im Mikroskop, dann stellt man fest, daß sie innerhalb ihrer beschränkten Möglichkeiten durchaus logisch handeln. Sie bewegen sich auf Dinge zu, die sie scheinbar mögen und bewegen sich von anderen Dingen weg, denen gegenüber sie eine Abneigung zu haben scheinen. Sie leben und reagieren also ganz und gar in ihrer Zielrichtung, die genauso wie beim Menschen auf eine optimale Entfaltung ausgerichtet ist.

Die Körperzellen des Menschen sind nicht mehr frei beweglich. Sie können sich also nicht mehr alleine auf etwas zubewegen, was sie mögen oder sich von dem wegbewegen, was sie nicht mögen. Dafür übertragen sie ihre eigenen Bewegungstendenzen auf das menschliche Bewußtsein in Form von Emotionen. Die meisten Emotionen, die der Mensch erlebt, sind daher irgendwie primitiv. Und das ist sicher auch die Ursache dafür, daß sich der moderne Mensch schämt, seine Emotionen so auszudrücken, wie er sie hat.

Die Emotionen sind die Sprache des Lebens. Jeder Mensch versteht sie. Unsere menschliche Sprache aber, die sich auf Dinge bezieht, die nur noch selten den Wirklichkeiten des Lebens entsprechen, versteht das Leben nicht. Daher haben Worte und wortmäßige Gedanken auf das Leben und auf die Wirklichkeit keinen direkten Einfluß. Sicher wissen Sie das selber aus eigenen Erfahrungen. Wie oft schon haben Sie sich auf Grund von Gedanken etwas vorgenommen. Und wie oft haben Sie das Vorgenommene nicht durchgeführt, sondern ganz einfach vergessen. Wie oft werden Entschlüsse gefaßt und wie oft sind solche Entschlüsse schon wenige Stunden später wieder vergessen und unwirksam. Sich etwas vorzunehmen kann höchstens zu einer Erinnerung führen. Ein Entschluß ohne Emotionen kann immer nur dazu führen, daß man ihn nicht durchführt. Rein gedankenmäßige und verstandesmäßige Faktoren versteht das Leben nicht. Die Folge ist, daß der Körper nicht darauf reagiert. Das Leben bedient sich nur der Sprache der Emotionen, der Sprache der Gemütsbewegungen und der primitiven Bewegungs- und Aktionsvorstellungen. Diese aber verwirklichen sich mit großer Sicherheit. Der ganze Körper reagiert auf Emotionen und er stellt sich automatisch auf die jeweils im Bewußtsein befindlichen Emotionen ein. Er reagiert aber nicht auf leere Gedanken, nicht auf leere Worte und auch nicht auf ein verstandesmäßiges Wünschen und Möchten.

Denken Sie einmal daran, wie Sie selber reagieren. Was haben Sie nicht schon alles gedacht, spekuliert und verstandesmäßig angestrebt. Und was davon ist tatsächlich Wirklichkeit geworden? Sicher haben Sie auch schon öfters in einer emotionalen Erregung oder Begeisterung einen Entschluß gefaßt. Und

dieser wurde dann auch durchgeführt.
Oder denken Sie an politische Redner oder religiöse Prediger. Was ist es, das von solchen Menschen ausgeht und die Zuhörer beeinflußt, sie ändert und in ihnen Wirkungen auslöst, die oft das ganze Leben über wirksam bleiben? Es ist einzig und alleine die Sprache des Lebens, die Emotionen. Ganz gleich, was ein Redner oder Prediger für eine Lehre verbreitet, ob diese richtig oder falsch, Wahrheit oder Irrtum ist. Versteht er es, durch seine Worte Emotionen auszudrücken, dann hat er Erfolg, dann sind seine Zuhörer begeistert und beeinflußt. Die politische wie auch die religiöse Bekehrung war schon immer eine Sache der Emotionen und nicht der Lehre oder der Wahrheit. Wenn Emotionen – gute wie böse – das ganze Bewußtsein eines Menschen ergreifen, verwirklichen sich diese Emotionen mit naturgesetzlicher Sicherheit.
Oder denken Sie nur einmal daran, was Sie am liebsten tun und was daher auf Sie eine starke Anziehungskraft ausübt. Es wird immer nur das sein, was Ihnen positive Emotionen verspricht und was in Richtung auf Glückserleben hinzielt. Alles, was Ihnen Freude macht, was Ihnen Lust macht und was Ihnen ein Glückserleben ermöglicht, das tun Sie gerne und möglichst oft. Alles, aber was Ihnen negative Emotionen verursacht, von dem halten Sie sich nach Möglichkeit fern. Alles, was Ihnen Angst, Ärger, Zorn, Wut oder Haß macht, davon fühlen Sie sich abgestoßen.
Nur Emotionen versteht das Leben und nur mit Emotionen verständigt es sich mit dem Menschen. Der Mensch und sein ganzes irdisches Wirken wird einzig und alleine von Emotionen bestimmt. Liebe und Haß, Glückserleben und Leiderleben, Zuneigung und Abneigung, bestimmen das Schicksal des

einzelnen Menschen. Nicht aber Denken und Verstand. Und auch nicht Vernunft und Wahrheit. Denn Emotionen sind die Sprache des Lebens im HIER, im JETZT und im SOSEIN. Das, was heute für das Leben noch wahr und gültig ist, kann morgen schon unwahr und ungültig sein. Und das, was jetzt in diesem Augenblick in eben dieser Situation vernünftig ist, das ist zu einer anderen Zeit und in einer anderen Situation völlig unvernünftig. Das Leben hat seine Erfahrungen. Viele Millionen Jahre lang hat es sich auf unserem Planeten entfalten können. Und nach denselben Spielregeln entfaltet es sich noch heute. Das aber, was wir modernen Menschen so sehr schätzen, nämlich unsere Gedanken, unseren Verstand, unsere Phantasie und unsere Fähigkeit, sich auch mit unwirklichen Dingen zu befassen, dies sind für das Leben nebensächliche Begleiterscheinungen der menschlichen Entwicklung der letzten paar tausend Jahre. Alle diese Faktoren haben nur im Zusammenspiel mit der Zielorientierung des Lebens eine Bedeutung. Und diese Zielorientierung heißt: Glückserleben und Entfaltung.

DIE AUTOMATISCHE STEUERUNG DES KÖRPERS

Die Lebensfunktionen des menschlichen Körpers laufen automatisch ab. Die meisten dieser Funktionen werden nicht einmal bewußt. So z.B. laufen die Funktionen des Herz-Kreislaufsystems, des Verdauungssystems, des Lymphsystems, des endokrinen Drüsensystems und vieler anderer Körpersysteme unbewußt ab. Andere Funktionen sind halbbewußt, wie z.B. die Atmung, die Nahrungsaufnahme, die Ausscheidungsfunktionen, die verschiedenen motorischen Funktionen usw. Aber auch diese laufen automatisch ab und nur die betreffenden Zielvorstellungen und Vollzugswahrnehmungen werden über den Körpersinn und über den Bewegungssinn voll oder teilweise bewußt.

Das, was uns grundsätzlich voll bewußt werden kann, sind nur die Wahrnehmungen unserer Sinnesorgane. Die aus dem Gesichtssinn kommenden Situationsbilder und Einzelwahrnehmungen, die aus dem Gehör kommenden Gehörerlebnisse und Geräuschwahrnehmungen, die Wahrnehmungen des Geschmackssinnes, des Geruchssinnes und des Tastsinnes. Und schließlich auch noch die Wahrnehmungen aus dem Körpersinn und aus dem Bewegungssinn, die aber vielen Menschen nur dann voll bewußt werden, wenn sie die Aufmerksamkeit eigens darauf ausrichten.

Die automatische Steuerung der körperlichen Funktionen wird uns allgemein gar nicht bewußt, aber wenn wir darüber nachdenken, erkennen wir, welch ein Wunderwerk des Lebens der Mensch eigentlich ist. Wir brauchen uns nicht darum zu kümmern, wie schnell oder wie langsam unser Herz in dieser oder jener Situation zu schlagen hat; wie sich die einzelnen Blutgefäße in diesem oder jenem Körperteil zusammenziehen oder ausdehnen müssen, wenn wir diese oder jene Arbeit oder Tätigkeit verrichten; oder wieviel Blut das Herz in jeder Minute durch den Körper zu pumpen hat. Wir brauchen uns auch nicht damit beschäftigen, mit welcher chemischen Magensaftzusammensetzung unser Magen gerade auf diese oder jene Nahrung reagieren muß; ob jetzt gerade dieser oder jener Darmabschnitt sich bewegen muß; ob jetzt oder später unsere Leber diese oder jene Menge Zucker in die Blutbahn abzugeben hat oder nicht. Alles im Körpergeschehen läuft automatisch ab, ohne daß wir uns bewußt darum kümmern müßten.

Diese innerkörperlichen Funktionen werden mit Hilfe des vegetativen Nervensystems und des endokrinen Drüsensystems vollautomatisch gesteuert. Da diese beiden Steuersysteme als eine Funktionseinheit zusammenwirken und vielfältige Wechselfunktionen ausüben, nennt man sie auch als einheitliches Gesamtsteuersystem: das neuro-humorale Steuersystem. Dieses neuro-humorale Steuersystem regelt und steuert alles im Körpergeschehen jeweils so, wie es den jeweiligen Gegebenheiten und der jeweiligen Situation entsprechend erforderlich, notwendig und zweckmäßig ist.

Aber auch die als bewußt bezeichneten Bewegungen, wie das Gehen, das Laufen, das Schreiben oder Sprechen, laufen automatisch ab. Diese Funktionen werden vom motorischen Nervensystem aus vollautomatisch gesteuert. Wir brauchen ja nicht an diese oder jene Muskelgruppe zu denken, wenn wir z.B. aufstehen oder uns hinsetzen. Wir brauchen auch nicht daran zu denken, ob beim Gehen jetzt gerade diese oder jene Muskelgruppe angespannt oder entspannt werden muß. Das Gehen als Gesamtfunktionskomplex läuft automatisch ab. Es wird lediglich mittels Zielvorstellungen und Bewegungsvorstellungen gesteuert. Diese Ziel- und Bewegungsvorstellungen auszulösen, das ist die einzige bewußte Tätigkeit, die wir beim Gehen zu tun haben. Alles andere erfolgt automatisch: die Spannung und Entspannung der Muskeln und Muskelgruppen, die laufende Aufrechterhaltung des Gleichgewichts, die Berücksichtigung von Unebenheiten des Bodens, das Umgehen von Hindernissen usw. Das alles läuft automatisch ab und wird uns oft gar nicht einmal bewußt, während wir so einfach gedankenlos dahingehen.

Wenn wir zu einem bestimmten Ort gehen wollen, oder zu einem bestimmten Haus in dieser oder jener Straße, dann wird uns zunächst einmal die betreffende Zielvorstellung bewußt. Und diese Zielvorstellung programmiert nach kybernetischen Prinzipien unser ganzes Bewegungssystem, soweit es zum Gehen eingesetzt wird. Und dann gehen wir los und die Programmierung steuert nun den ganzen Vorgang, bis wir am Ziel angelangt sind. Dabei können wir uns z.B. mit einem Freund unterhalten, wir können über etwas nachdenken oder können unsere Sinne auf die Umgebung richten und diese betrachten usw.

Was wir während des Gehens tun, ist völlig unwichtig. Die Zielvorstellung hat das Bewegungssystem programmiert und

dieses läuft nun automatisch eben dieser zielorientierten Programmierung entsprechend ab, bis das Ziel erreicht ist. Dabei brauchen wir an keinerlei Einzelheiten zu denken. Wir brauchen auch während des ganzen Gehens nicht einmal mehr an das Ziel zu denken, denn dieses wird ja automatisch angesteuert und wenn wir angelangt sind, dann schaltet die Automatik aus und wir werden uns bewußt, daß wir am Ziel sind.
Denken Sie einmal nach, was ein Fußballspieler alles zu denken, zu überlegen und zu tun hätte, wenn er bewußt laufen würde und dabei an jede einzelne Muskelgruppe, an jedes einzelne Glied, an das Ausbalancieren des Gleichgewichts und zugleich auch noch auf die erhöhte Herz- und Atemtätigkeit und an den erhöhten Blutzuckerspiegel und an alle die vielen Einzelheiten denken müßte, die zum Laufen und Fußballspielen erforderlich sind. Es wäre unmöglich. Der normale Fußballspieler orientiert sich nur am Ball und an seinem jeweiligen Standort. Alles andere läuft automatisch ab.
So wie beim Gehen und Laufen, ist es auch beim Sprechen. Alle einzelnen Bewegungen im Innern des Sprechapparates laufen automatisch ab. Im Bewußtsein braucht lediglich die Zielvorstellung, das Thema, bewußt zu sein. Sogar die Worte und Sätze werden im Gehirn durch Datenverarbeitung, Assoziationen und automatische Erinnerungsauslösungen von selber gebildet. Wer versuchen würde, seine Sprechorgane vollbewußt zu betätigen und zugleich jedes einzelne Wort vollbewußt zu bilden, würde versagen, er könnte nicht mehr sprechen, sondern würde stottern. Das haben Versuche bewiesen, bei denen das soeben Gesprochene mit einer kleinen Zeitverschiebung durch einen Kopfhörer wieder hörbar wurde, so daß sich der Sprecher jeden Augenblick neu orientieren mußte. Das Er-

gebnis war: das Sprechen wurde stockend, stotternd und unverständlich.
Ein Gegenversuch wurde mit stotternden Personen gemacht, die ja bekanntlich deshalb stottern, weil sie das, was normalerweise automatisch abläuft, bewußt tun wollen. Dabei wurde durch einen Geräuschgenerator über Kopfhörer dem Stotternden die Eigenkontrolle und damit das bewußte Sprechenwollen unmöglich gemacht. Das Ergebnis war: Selbst schwerste Stotterer konnten plötzlich frei, fließend und einwandfrei sprechen.
So ist es mit allen Funktionen, die unterbewußt-automatisch ablaufen. Läßt man sie naturgemäß automatisch ablaufen und kümmert man sich gar nicht um sie, dann geht alles normal und einwandfrei. Versucht man aber mit dem eigenen Wollen in solche unterbewußt-automatische Funktionsabläufe einzugreifen, dann treten sofort Störungen, Hemmungen und Fehlfunktionen auf. Diese Erkenntnis ist ganz besonders für solche Personen bedeutsam und wichtig, die dauernd ihre Körperfunktionen kontrollieren und versuchen, bewußt auf unterbewußt-automatische Abläufe und Funktionen einzuwirken. Sie stören dabei nur die betreffenden Funktionen und die Folgen sind: Fehlfunktionen, Störungen und Krankheiten.
Der eigene Wille, oder besser gesagt: das eigene Wollen, kann bei unterbewußt-automatisch ablaufenden Funktionen immer nur das Gegenteil dessen erreichen, was er erreichen möchte. Dies ist ein Naturprinzip: das Prinzip der das Gegenteil bewirkenden willentlichen Anstrengung.
Vielleicht mögen diese Betrachtungen einigen Zweifel hervorrufen, besonders bei solchen Personen, die an eine Willenskraft glauben und von deren Wirksamkeit fest überzeugt sind. Aber

die Wissenschaft hat nichts gefunden, was man als eine Willenskraft bezeichnen könnte. Lediglich eine geistige Tätigkeit wird als WOLLEN bezeichnet: das bewußte Hinlenken der Aufmerksamkeit in eine Richtung und das gleichzeitige Bewußtwerden einer Zielvorstellung in dieser Richtung. Das alleine kann man als Wollen bezeichnen. Etwas zu wollen, bedeutet demnach, in einer bestimmten Richtung durch Hinlenken der Aufmerksamkeit etwas erreichen zu wollen. Und zwar lediglich dadurch, daß die Aufmerksamkeit in die Richtung gelenkt wird und eine Zielvorstellung oder Bewegungsvorstellung in dieser Richtung gesetzt wird. Alles andere funktioniert automatisch.

Das bewußte und willentliche Eingreifen in unterbewußt-automatische Abläufe und Funktionen bewirkt immer gerade das Gegenteil dessen, was erreicht werden soll. Das haben Versuche bewiesen, die mit verschiedenen unterbewußt-automatisch ablaufenden Funktionen durchgeführt wurden. So z.B. mit Erröten, Angstgefühlen, sozialen Hemmungen, Asthmaanfällen und allergischen Reaktionen. Die Ergebnisse waren: Jedes bewußte und willentliche Unterdrücken oder „nicht wollen" solcher unterbewußt-automatischer Funktionen bewirkt automatisch eine Verstärkung und Steigerung ihres Ablaufes.

Das bedeutet in der Praxis: Je mehr einer nicht erröten will, um so stärker und heftiger wird er mit Sicherheit erröten. Je mehr man willentlich gegen ein Angstgefühl ankämpft und es nicht will, um so stärker wird das Angstgefühl auftreten. Je mehr seelische oder soziale Hemmungen unterdrückt werden, um so stärker und heftiger treten sie auf. Je mehr versucht wird, einen Asthmaanfall oder eine allergische Reaktion

willentlich und bewußt zu unterdrücken und nicht auftreten lassen zu wollen, um so stärker und um so heftiger wird der Asthmaanfall oder die allergische Reaktion auftreten.
Das sind keine theoretischen Spekulationen, sondern Tatsachen. Der bewußte Wille und jede willentlich-bewußte Anstrengung erreicht bei unterbewußt-automatischen Funktionen immer gerade das Gegenteil. Das haben auch Gegenversuche bewiesen. Ihre Ergebnisse waren: Wird versucht, bewußt und willentlich eine unterbewußt-automatisch ablaufende Funktion in allen Einzelheiten zu wollen, dann ist ihr unterbewußt-automatischer Ablauf gestört und sie kann nicht ablaufen.
Das bedeutet in der Praxis: Versucht einer willentlich und in allen Einzelheiten vollbewußt zu erröten, dann kann er nicht erröten. Das Erröten bleibt dann aus, da es nicht unterbewußt-automatisch ablaufen kann. Versucht man, vollbewußt und willentlich ein Angstgefühl zu erleben, dann wird kein Angstgefühl auftreten können, da sein unterbewußt-automatischer Ablauf durch das vollbewußte Wollen gestört ist. Wer in irgendeiner Hemmungssituation vollbewußt und willentlich gehemmt sein will, der kann gar nicht gehemmt sein, sondern wird vielmehr frei und selbstsicher, also ungehemmt auftreten.
Wird willentlich und vollbewußt in allen Einzelheiten versucht, einen Asthmaanfall oder eine allergische Reaktion auszulösen, dann wird dies mißlingen. Denn jedes willentliche und vollbewußte Hervorrufenwollen unterbewußt-automatischer Funktionen stört deren unterbewußt-automatischen Funktionsmechanismus.
Früher gab es eine ganze Menge Bücher über die Schulung der Willenskraft und der Willensstärke. Die Folgen solcher Bücher waren, soweit ihre Ratschläge und Übungen angewandt und

durchgeführt wurden: Verkrampfungen, Versagen und Mißerfolge auf ganzer Linie. Vielleicht kennen auch Sie einige dieser Menschen, die durch und durch von ihrer starken Willenskraft überzeugt sind und alles mit dieser „Willenskraft" erreichen wollen. Solche Leute sind immer in einem Dauerspannungszustand, sie sind verkrampft und erleben im Endeffekt viele Enttäuschungen, Blamagen und Mißerfolge.

Alles innerhalb des Menschen läuft nach kybernetischen Prinzipien ab. Nur Zielvorstellungen, Emotionen und Programmierungen haben tatsächlich eine Wirksamkeit. Denken, Verstandestätigkeit und Willenskraft sind Faktoren, die keine effektive Einflußmöglichkeit auf das körperliche Geschehen haben. Je mehr einer an die Kraft seiner Gedanken, seines Verstandes und seines Willens glaubt, um so mehr stört er seine nach kybernetischen Prinzipien unterbewußt-automatisch ablaufenden Körperfunktionen. Er erreicht daher immer nur Fehlfunktionen, Fehlreaktionen, Funktionshemmungen und Funktionsblockierungen. Wer auf diese Art und Weise schon jahrelang lebt und strebt, ist funktionell gestört, gehemmt und oft auch krank.

Alle innerkörperlichen Vorgänge, angefangen von den komplexen Bewegungsmechanismen, die den ganzen Körper betreffen, wie Laufen, Springen, Schwimmen usw., bis hinab zu den kleinsten chemisch-informatorischen Einzelfunktionen im Innern der einzelnen Zelle, alles das läuft in allen Einzelheiten unterbewußt-automatisch nach kybernetischen Prinzipien ab.

Der gesamte körperliche Funktionsapparat, der im Sinne der Kybernetik ein offenes System darstellt, wird nicht nur intern automatisch gesteuert und geregelt, sondern hat als ein offenes

System zwei offene Stellen. Nach unten zu den Zellen durch chemisch-informatorische Funktionen, die uns aber hier weniger interessieren, da wir sie bewußt praktisch nicht beeinflussen können. Und nach oben zum Gehirn und Nervensystem durch Emotionen und Zielvorstellungen. Und diese Seite der Beeinflussungsmöglichkeit der menschlichen Funktionen interessiert uns hier besonders, weil ja von ihr Glückserleben, Gesundheit und Entfaltungsfähigkeit abhängen.
Im natürlichen Bewußtseinszustand des Menschen, also im Bewußtseinszustand des Glückserlebens, wenn er sich glücklich, heiter, gelassen, gelöst und wohl fühlt, funktioniert der gesamte automatische Körpermechanismus mit allen seinen unzähligen Einzelfunktionen normal und einwandfrei. Würde ein Mensch dauernd in diesem Normalzustand leben, dann gäbe es für ihn keine gesundheitlichen Störungen und keine Krankheiten. In diesem Normalzustand des Glückserlebens wird das innnere Funktionsgeschehen lediglich durch das neuro-humorale Steuersystem in Richtung auf die Aufrechterhaltung gleichbleibender Lebensbedingungen innerhalb der sich ständig ändernden, natürlichen Umwelt vollautomatisch gesteuert und geregelt.
Das bedeutet in der Praxis, daß sich der ganze Körper den sich ständig ändernden Umwelteinflüssen, wie Temperatur, Witterung, Nahrung, Anstrengungen usw. automatisch optimal anpaßt. Alle inneren Funktionen stellen sich also je nach der äußeren Wirklichkeit, je nach erforderlicher Leistung oder Erholung, auf die jeweiligen Erlebnisse und auf das jeweilige Geschehen innerhalb der raum-zeitlichen Wirklichkeit ein. Und das geschieht von Natur aus, ganz ohne Störung, ohne Hemmung und ohne gesundheitlich negative Folgen. Trotz

der oft sehr intensiven Außenwelteinflüsse durch starke Temperatur- und Witterungsgegensätze usw. bleibt der ganze Körperautomatismus normal, voll leistungsfähig und gesund.

Nun aber lebt der Mensch nicht nur innerhalb seiner natürlichen Umwelt, sondern auch innerhalb seiner persönlichen und sozialen Umwelt, auf die er ständig reagieren muß. Und diese persönliche und soziale Umwelt sieht der moderne Mensch nicht mehr als eine Wirklichkeit an, wie er etwa seine natürliche Umwelt noch als Wirklichkeit ansieht, sondern als eine durch Erziehungsfaktoren, Denkgewohnheiten, Gefühlsgewohnheiten, Strebensgewohnheiten, Verhaltensgewohnheiten und Vorurteile bestimmte und beeinflußte eigene, individuelle und verfälschte Wirklichkeit.

Der heutige Mensch sieht seinen Mitmenschen nicht mehr als den natürlichen Menschen, der auch glücklich sein will und sich auch zu entfalten strebt, sondern als Freund, als Gleichgültigen oder als Konkurrenten und Feind. Er sieht auch seine persönlichen Entfaltungsmöglichkeiten nicht so, wie diese wirklich sind, sondern so, wie es teils seine Erziehung und teils die von der Außenwelt auf ihn eindringenden Suggestionen und Normvorstellungen bestimmen. Und so hat er ein ganz falsches Bild von dem, was er wirklich kann und was er wirklich ist. Der moderne Mensch ist auch innerhalb der Gesellschaft seiner Mitmenschen nicht mehr das, was er tatsächlich ist, nämlich ein gleichberechtigter Partner innerhalb der menschlichen Gemeinschaft, sondern er sieht sich immer als einen Einzelmenschen, der sich entweder seinen Mitmenschen überlegen oder unterlegen fühlt. Er strebt auch innerhalb seines persönlichen Lebenskreises nicht so sehr nach einer lebensgewollten Förderung seiner Familie, seiner Mitmenschen und der menschlichen Gesellschaft, sondern vielmehr nach der ausschließlichen Förderung seiner eigenen selbstsüchtigen und genußsüchtigen Eigeninteressen. Und so sind viele moderne Menschen eigentlich keine Menschen im tieferen Sinne dieses Begriffes, sondern oft genug Parasiten innerhalb der menschlichen Gesellschaft.

So ist der heutige Mensch vielfach geradezu entgegen der natürlichen Zielorientierung des Lebens ausgerichtet. Und die logischen Folgen dieses Lebens im Widerspruch mit der eigentlichen Natur des Menschen und im Widerspruch mit seiner wahren Bestimmung macht ihn zum unfähigen, schwächlichen, funktionsgestörten und chronisch kranken Menschen, dessen Dasein ausgefüllt ist von negativen Gedanken, unsozialen Strebungen und krankmachenden Emotionen.

Der Gesamtkomplex des körperlichen Geschehens stellt im Sinne der modernen Kybernetik ein offenes System dar. Es wird über das neuro-humorale Steuersystem mittels Emotionen gesteuert. Und das bedeutet in der Praxis, daß sich der ganze menschliche Körper mit allen seinen Funktionen und Organen, automatisch auf die jeweilige Situation und ihre Eigenarten einstellt. Und zwar – wie schon gesagt – mittels Emotionen, also mittels Gemütsbewegungen und den dazu gehörenden Bewegungsvorstellungen. Dazu ein Beispiel: Nehmen wir an, Sie kommen bei einem nächtlichen Spaziergang plötzlich unter eine Anzahl rauflustiger Betrunkener und werden angepöbelt und am Weitergehen gehindert. Weit und breit ist die Straße sonst leer und niemand kann Ihnen daher gegen die Übermacht helfen. Wie reagiert nun Ihr Körper in einer solchen Situation?

Sofort nachdem Ihnen diese Situation, durch die automatische Verarbeitung im Wahrnehmungszentrum, voll bewußt geworden ist, stellt sich die Emotion der Angst ein. Dazu die Aktionsvorstellung: Weg – Fort – Fliehen. Auf diese Emotion reagiert nun sofort automatisch das neuro-humorale Steuersystem und schaltet den ganzen Körper auf Notfallsreaktion. Dabei laufen innerhalb des Körpers die verschiedensten Einzelfunktionen ab. Einige davon sollen hier angedeutet werden:

1. Das Wachsamkeitszentrum schaltet das Gehirn und Nervensystem sofort auf volle Wachsamkeit. Zugleich aktiviert es das vegetative Nervensystem, das Sinnesnervensystem und setzt die Reizschwelle des motorischen Nervensystems soweit herab, daß das gesamte Bewegungsmuskelsystem schnellstens reagieren kann.

2. Das endokrine Drüsensystem löst die Ausschüttung verschiedener Hormone in die Blutbahn aus. Die Hypophyse (Gehirnanhangdrüse) schüttet Thyreotropin und ACTH aus. Die Nebennieren schütten Adrenalin aus, die Schilddrüse wieder andere Hormone usw. Alle diese Hormone fließen nun mit dem **Blut durch den ganzen** Körper und lösen dabei in den verschiedenen **Organen**, in den **Blutgefäßen und Muskeln**, die vielfältigsten Wirkungen aus, die eben zu einer Notfallreaktion nötig sind.

3. **Einige Einzelwirkungen** dieses **Gesamtreaktionskomplexes** sind: Das Herz schlägt schneller und kräftiger. Die Blutgefäße der Haut und der an einer Flucht unbeteiligten Organe ziehen sich zusammen und dadurch wird für die anderen, an der Flucht beteiligten Organe und Muskeln, Blut frei. Die Milz zieht sich zusammen und entleert ihre Blutreserven in den Kreislauf. Die Leber gibt Zuckerreserven frei und dadurch

steigt der Blutzuckerspiegel, damit die an der Flucht beteiligten Muskeln und Organe genügend Energiereserven haben. Die Verdauungstätigkeit – die ja an der Flucht nicht beteiligt ist – wird eingestellt. Magen und Darm bewegen sich kaum mehr. Und so stellt sich der ganze Körper mit allen seinen Organen und Funktionen auf die betreffende Emotion automatisch ein. Sobald diese Einstellung angelaufen ist, erfolgt dann die Flucht als logische Reflexreaktion.

Sollte aber eine Flucht verhindert werden und sollte es daher zu einen Kampf kommen, dann wird die Emotion: Wut und Haß ausgelöst. Und dadurch wird der ganze Körper noch intensiver auf Alarm und Notstand eingestellt. Es fallen ganze Funktionsgruppen, wie z.B. die ganze Verdauung restlos aus. Andere Funktionsgruppen, wie Herz-Kreislaufsystem und das motorische System der gesamten Bewegungsmuskeln, schalten auf Höchstleistung. Und das ist auch der Grund dafür, daß man in solchen Situationen des persönlichen Notstandes zu tatsächlichen Höchstleistungen fähig ist, die man oft als „übermenschliche“ Leistungen bezeichnet, weil man außerhalb einer Notstandsreaktion dazu praktisch unfähig ist.

So steuern die Emotionen über das neuro-humorale Steuersystem den ganzen Körper mit allen seinen Funktionen ganz automatisch der jeweils vorhandenen Situation entsprechend. Die einzelnen Reaktionen auf Emotionen laufen dabei vollautomatisch und völlig unbewußt ab.

Ist nun die Reaktion beendet – ist also in unserem Falle die Flucht gelungen oder der Kampf siegreich zu Ende – dann schaltet sich die Emotion der befreienden Erleichterungen ein. Und diese Emotion schaltet nun – wieder über das neurohumorale Steuersystem – den ganzen Körper mit allen seinen

Funktionen wieder auf Normalbetrieb um. Die im Blut kreisenden Hormone werden durch entgegengesetzt wirkende Hormone neutralisiert. Die Überfunktion des Herz-Kreislaufsystems wird wieder auf Normalfunktion umgestellt. Das Verdauungssystem wird wieder normal eingeschaltet und Magen und Darm nehmen wieder ihre normale Tätigkeit der Verdauung auf und der ganze übrige Körper stellt sich wieder um auf die normale Funktionsweise. Alles spielt sich wieder so ein, wie vor dem Eintreten der Notstandssituation. Zwar dauert das ganze Spiel eine Zeitlang, man ist auch nachher noch aufgeregt, man zittert vielleicht leicht und spricht schneller als sonst, aber das sind dann nur noch die ganz normalen Nachwirkungen der Umstellung auf Normalfunktion.

Nehmen wir aber nun einmal an, daß die soeben geschilderte Notstandssituation nicht tatsächlich vorhanden war, sondern während eines nächtlichen Spazierganges nur in der Phantasie erlebt wurde. Was spielt sich dann ab?

Wenn die Situation lebhaft phantasiert wurde, stellte sich sicher auch die Emotion der Angst und die Vorstellung der Flucht oder des Kampfes ein. Und die Folge davon: der ganze Körper mit allen seinen Funktionen stellte sich – wenn auch vielleicht nicht ganz so stark wie beim tatsächlichen Erleben einer Notstandssituation – auf die betreffende Situation ein. Weder das vegetative Nervensystem noch das endokrine Drüsensystem hat ja eigene Sinnesorgane, mit denen sich feststellen ließe, ob eine Emotion einer tatsächlichen und wirklichen, oder aber nur einer phantasierten Situation entspricht. Was geschieht nun, wenn sich das gesamte Körpersystem auf eine solche phantasierte Notstandssituation einstellt? Im

Grund genommen dasselbe, wie wenn die Situation echt und tatsächlich vorhanden wäre. Zwar sind die Reaktionen bei einer normal phantasierten Situation etwas schwächer als bei wirklichen Situationen, aber die Rückstellung auf Normalfunktion kann nicht automatisch geschehen, weil ja die Gegenemotion der Erleichterung fehlt. Und damit bleiben die Einstellungen des Körpers auf Notstand aufrechterhalten. Sie klingen zwar im Laufe der Zeit wieder ab, aber immer bleiben kleinere oder größere Störungen und Fehleinstellungen zurück. Und diese summieren sich zu einer vegetativen Dystonie, zu Hochdruckkrankheiten, und zu anderen chronischen Störungen und Krankheiten, wenn solche phantasierte Situationen immer und immer wieder eine Fehlanpassung auslösen.

Wer daher die Gewohnheit hat, öfters solche oder ähnliche Phantasiespiele zu betreiben, spielt mit seiner Gesundheit. Und wenn solche Phantasiegewohnheiten schon jahrelang betrieben wurden, dann ist es praktisch unmöglich, daß der Körper normal und ungestört funktioniert. Hier liegt ein besonders weitverbreiteter Grund dafür, daß die bekannten Zivilisationskrankheiten, wie vegetative Dystonie, hoher Blutdruck, Zuckerkrankheit, Drüsenstörungen, Verdauungsstörungen, Herz- und Kreislaufstörungen und sogar Geschwürkrankheiten, trotz der großen Fortschritte der medizinischen Wissenschaft, laufend weiter fortschreiten und sich immer mehr ausbreiten.

Die automatische Steuerung des Körpers und seiner vielen Einzelfunktionen geschieht mittels Emotionen. Diese bestehen aus Gemütsbewegungen und Aktionsvorstellungen (primitive Bewegungsvorstellungen). Der ganze Körper paßt sich automatisch den jeweiligen Emotionen an. Ganz gleich, ob eine Emotion auf Grund einer echten, tatsächlichen und wirklichen

Situation oder Wahrnehmung entstanden ist, oder ob eine Emotion lediglich die logische Folge von Tagträumen und wüsten Phantasiespielen ist. Wer viel phantasiert, stört damit seine Nerven-, Drüsen- und sonstigen Körpersysteme.
Jedes wiederholte Phantasieren von Gefahrensituationen, Notstandssituationen, Kampfsituationen und anderen, das gesamte Körpergeschehen erfassende Situationen, führt zwangsläufig zu dauernden Fehlfunktionen, zu chronischen Störungen und zu chronischen Krankheiten. Solche Fehlfunktionen, Störungen und Krankheiten sind bei der medizinischen Behandlung sehr hartnäckig. Sie verschwinden vielleicht eine Zeitlang, treten aber schon bei der nächsten phantasierten Gefahren- und Kampfsituation wieder auf. Gegen solche Krankheiten ist der beste Arzt hilflos. Er kann ja nur die bestmögliche Heilmethode durchführen oder das bestwirkende Medikament anwenden. Er kann aber dem Patienten nicht verbieten, zu denken, zu träumen und zu phantasieren, was dieser will. Und damit kann der Arzt in solchen Fällen immer nur das Symptom oder das Syndrom bekämpfen, nie aber die eigentliche Ursache, das unkontrollierte und gesundheitsschädliche Phantasieren und Tagträumen.
Die einzige Hilfe liegt hier bei der Selbsterziehung und bei der Neuprogrammierung der gesamten Mentalität in Richtung auf das vollbewußte Anteilnehmen und Wahrnehmen am jeweiligen Erleben und Geschehen im HIER, JETZT und SOSEIN. Denn nur mit Hilfe einer solchen Neuprogrammierung der Mentalität kann das Leben in einer unwirklichen Traum- und Phantasiewelt beendet werden. Und damit fallen auch die gesundheitsschädlichen Folgen von Tagträumen und Phantasiekämpfen weg. Es können also keine neuen und zusätzlichen

Gesundheitsstörungen mehr entstehen.
Die bereits entstandenen Schäden und Krankheiten aber müssen vom Arzt systematisch behandelt werden. Der Vorteil einer Neuprogrammierung der Mentalität ist dabei der, daß die ärztliche Behandlung auf einmal den gewünschten Erfolg bringt. Es fallen ja die Ursachen für neue Fehlfunktionen, Störungen und Erkrankungen weg, weil der betreffende Mensch nun nicht mehr in seiner früheren Traum- und Phantasiewelt, sondern im Diesseits, im HIER, JETZT und SOSEIN lebt.

DIE WIRKLICHKEITS-STEUERUNG

DURCH DIE SINNE

Die natürliche Umgebung des Menschen ist wirklich. Sie ist kein Trugbild oder Traumbild seiner Phantasie. Der Mensch lebt in einer Welt der Tatsachen, der tatsächlichen Gegebenheiten und der sinnlich wahrnehmbaren Dinge. Der Mensch ist von Natur aus darauf eingestellt, sich laufend dieser Welt der Wirklichkeit anzupassen und soweit es nötig ist, darauf zu reagieren.

Dazu dienen ihm seine Sinnesorgane und sein Sinnesnervensystem. Die Augen nehmen alles wahr, was Licht ausstrahlt und widerspiegelt. Die Ohren nehmen Tonfrequenzen wahr und können durch Intensität derselben und durch Laufzeitunterschiede die Entfernung und Richtung einer Tonquelle bestimmen. Der Geruchssinn nimmt Strukturformen von Molekülen wahr und die damit zusammenhängenden energetischen Vorgänge. Und der Tastsinn vermittelt mechanische Schwingungen und läßt die Anwesenheit und Form materieller Dinge erkennen.

Über diese altbekannten fünf Sinne hinaus verfügt aber der Mensch noch über weitere sinnliche Wahrnehmungsmöglichkeiten. Der Temperatursinn ist auf die Wahrnehmung elektromagnetischer Schwingungen im Bereich der Wärmestrahlen eingestellt. Der Körpersinn vermittelt Wahrnehmungen über

Stellung und Zustand des ganzen Körpers wie über einzelne Körperteile. Der Bewegungssinn läßt Bewegungen von Muskelgruppen, von einzelnen Körperteilen und schließlich das Gesamtbewegungsbild des ganzen Körpers bewußt werden. Darüber hinaus haben wir auch noch einen speziellen Sinn für quasienergetische Wahrnehmungen, der uns Emotionen (Gemütszustände und Bewegungsvorstellungen) anderer Personen auf weite Entfernung hinweg und sogar durch Bleiwände hindurch wahrnehmen läßt, wie russische Forscher bewiesen haben.

So geben uns unsere Sinne laufend ein Gesamtbild der uns umgebenden Wirklichkeit, die zwar weniger materiell im Sinne des mechanistischen Materialismus, als vielmehr energetischer Natur ist. Wir wissen ja heute, daß wir es bei der Materie mit energetischen Kraftfeldern und elektromagnetischen Schwingungen zu tun haben. Aber auch das darf uns nicht darüber hinwegtäuschen, daß unsere natürliche Umgebung für unsere Sinne eine durchaus feststehende Wirklichkeit ist. Und dieser Wirklichkeit müssen wir uns anpassen.

Die natürliche Steuerung des Menschen über seine Sinne ist eine Wirklichkeitssteuerung. Das bedeutet, daß wir überall dort, wo wir unsere wirkliche Umgebung bewußt wahrnehmen, nur auf tatsächliche Erlebnisse und Geschehnisse reagieren. Der Vorgang ist dabei der folgende:

1. Die Sinnesorgane nehmen physikalische Reize der Außenwelt auf, verarbeiten diese in elektrische Impulse und Impulsfolgen und leiten diese dann über die Sinnesnerven zum Wahrnehmungszentrum im Gehirn weiter. Dort werden sie mit Hilfe eines umfangreichen Datenverarbeitungssystems in komplette Wahrnehmungs- und Situationsbilder umgewandelt.

Und auf diese Wahrnehmungs- und Situationsbilder reagieren wir. Ihnen entsprechend paßt sich der Körper den jeweiligen Bedingungen und Situationen an, und ihnen entsprechend, entstehen je nach Bedürfnis und Notwendigkeit die Emotionen, die dann die betreffenden Körpereinstellungen auslösen und die inneren Funktionen steuern.

2. Die elektrischen Impulse und Impulsfolgen, die von den Sinnesnerven zum Wahrnehmungszentrum geleitet werden, haben ihren Zweck und ihre Aufgabe erfüllt, sobald die betreffende Wahrnehmung bewußt geworden ist. Sie verschwinden nun aber nicht einfach, sondern laufen weiter zu einem netzartigen Gebilde in der mittleren Region des Gehirnstammes (Formatio Retikularis) und werden dort – da sie ja elektrische Energie darstellen – ähnlich einer elektrischen Batterie gespeichert. Dieses netzartige Gebilde im Gehirn nennt man auch Wachsamkeitszentrum. Von ihm aus laufen Nervenbahnen nach den verschiedenen Regionen des Großhirns, zum Glückszentrum und anderen Zentren im Hypophysen-Thalamussystem (Zwischenhirn), zu den steuernden Neuronen des vegetativen Nervensystems, zu den steuernden Neuronen des motorischen Nervensystems und zu verschiedenen weiteren Steuerungs- und Regelungssystemen.

3. Kommen viele und intensive elektrische Impulse und Impulsfolgen aus den verschiedenen Sinnesorganen, dann kann das Wachsamkeitszentrum viel Energie speichern und somit viel Energie an die verschiedenen anderen Steuersysteme weiterleiten. Und das bedeutet: volle Wachsamkeit. Kommen aber nur wenige und schwache Sinnesreize zum Wachsamkeitszentrum, dann bedeutet das, daß die Wachsamkeit nachläßt und dafür ein mehr oder weniger halbwacher Bewußtseinszu-

stand eintritt.

Was bedeutet nun die volle Wachsamkeit und was bedeutet eine nur teilweise Wachsamkeit für den Menschen? Eine volle Wachsamkeit bedeutet funktionsmäßig, daß die Großhirnzentren voll aktiv, voll leistungsfähig und voll einsatzbereit sind. Es bedeutet ferner, daß das Glückszentrum und andere im Hypophysen-Thalamussystem des Zwischenhirns liegenden Gemütszentren (Emotional-Systeme) voll aktiv sind. Daß das vegetative Nervensystem voll aktiv und daher voll funktions- und reaktionsfähig ist. Daß die Schwellenwerte zur Auflösung der motorischen Systeme herabgesetzt sind und damit der gesamte Bewegungsmuskelapparat voll einsatzbereit und voll leistungsbereit ist. Und alle diese Faktoren zusammen bedeuten, daß der ganze Mensch als Funktionseinheit voll wach ist, voll funktionsbereit ist, voll einsatzbereit ist und voll leistungsbereit ist.

Zwischen Vollwachsein und Schlaf liegen viele verschiedene Zwischenstufen, wie: teilweises Wachsein, Halbwachzustände, Teilschlafzustände, Dösen und jene hypnoiden Zustände, die beim Tagträumen und Phantasieren auftreten und die dann schon mehr einer Art von Selbsthypnose als einem Wachsein ähnlich sind.

Der Mensch funktioniert von Natur aus nach dem Prinzip der maximalen Leistung bei minimalem Energieaufwand, das bedeutet, daß nur dann Energie verbraucht wird, wenn dies der Wirklichkeit entsprechend auch tatsächlich nötig ist. Im Schlaf braucht der Mensch nur ganz wenig Energie, um seine unterbewußten Lebensfunktionen aufrechtzuerhalten. Im Zustand einer vollwachen Beschäftigung aber braucht er viel Energie. In Notfallsreaktionen braucht er oft seine gesamte

überhaupt zur Verfügung stehende Energie. Und so stellt das Wachsamkeitszentrum gleichzeitig mit der Wachsamkeit die Energiebereitschaft des ganzen Körpers ein.
Es gibt viele gewohnheitsmäßige Tätigkeiten, die einem sozusagen ganz automatisch von der Hand gehen. Dazu ist wenig Energie erforderlich. Das Wachsamkeitszentrum schaltet daher auf einen Wachsamkeitsgrad, der gerade zur Verrichtung solcher gewohnheitsmäßiger Tätigkeiten nötig ist. Es gibt aber auch neue und ungewohnte Tätigkeiten, zu deren Durchführung man viel Energie und alle geistigen oder körperlichen Fähigkeiten braucht. Dann schaltet das Wachsamkeitszentrum automatisch einen hohen Grad von Wachsamkeit ein. Und damit stehen die benötigten Energien und die entsprechenden Fähigkeiten voll zur Verfügung. So ermöglicht es das Wachsamkeitszentrum, daß der Mensch mit nur minimaler Energie immer optimal leistungsfähig ist.
Viele Menschen sind der Ansicht, daß man dauernd über seine volle Energie- und Leistungsbereitschaft verfügt. Sie stellen sich das so vor, wie etwa das Stromnetz einer Stadt. Man hat jederzeit seine 220 Volt Wechselstrom zur Verfügung und braucht daher die benötigten Geräte bloß an die Steckdose anzuschließen und einzuschalten. So aber ist es beim Menschen nicht. Obwohl sich alles im Menschen nur mit Bruchteilen von Volt abspielt, funktioniert er als Gesamtheit immer nur mit soviel Energie, wie er tatsächlich gerade braucht. Und das, was er braucht, bestimmt die jeweilige Situation, das jeweilige Erleben und Geschehen innerhalb der natürlichen, persönlichen und sozialen Wirklichkeit.
Zwar ist beim Menschen die gesamte Energie laufend vorhanden, aber sie ist nur in dem Maße verfügbar und einsatzbereit,

wie es tatsächlich nötig ist. Und welche Energie tatsächlich nötig ist, das bestimmt die Wirklichkeit, die wir mit unseren Sinnen wahrnehmen. Und auf diese Wirklichkeit ist der Mensch über seine Sinneswahrnehmungen eingestellt. Dieser Wirklichkeit entsprechend hat er immer gerade soviel Energie zur Verfügung, wie eben tatsächlich nötig ist. Wenige und nur schwache Sinnesreize = geringe Wachsamkeit und geringe Energiebereitschaft. Viele und intensive Sinnesreize = volle Wachsamkeit und volle Energiebereitschaft. Das ist die Formel, nach welcher die Wirklichkeitssteuerung funktioniert. Wer vollbewußt am jeweiligen Erleben und Geschehen der Wirklichkeit Anteil nimmt, erlebt viele und intensive Sinnesreize = volles Wachsein und volle Energiebereitschaft.
Wer aber nur in seiner unwirklichen Innenwelt der Tagträume und der Phantasie lebt, wird zwangsläufig nur wenige und nur schwache Sinnesreize erleben = geringe Wachsamkeit und geringe Energiebereitschaft. Hier liegt die Ursache der ständigen Müdigkeit und Mattigkeit solcher Menschen, die dauernd tagträumen, dösen, mit ihrer Phantasie spielen und über unwirkliche Dinge nachdenken. Diese Müdigkeit und Mattigkeit, oder anders ausgedrückt: dieser Energiemangel, ist ja die logische Folge der mangelnden Sinnesreize solcher Tagträumer, Döser, Phantasierer und Nachgrübler.
Nur der Mensch, der tatsächlich innerhalb seiner Wirklichkeit lebt und vollbewußt am Erleben und Geschehen des HIER, des JETZT und des SOSEINS Anteil nimmt, erlebt viele und intensive Sinnesreize. Und nur über diese Sinnesreize wird er auf volle Wachsamkeit und volle Energiebereitschaft geschaltet.
Das Wachsamkeitszentrum steuert neben anderen Funktionen

auch die Aktivität des Großhirns und Zwischenhirns und damit die Empfänglichkeit für Beeinflussungen. Sowohl für Beeinflussungen aus der eigenen Innenwelt der Vorstellungen, wie auch für Suggestionen (Beeinflussungen) von seiten der Außenwelt. Und das bedeutet, daß das Wachsamkeitszentrum darüber bestimmt, ob ein Mensch eigengesteuert oder fremdgesteuert wird. Unter Eigensteuerung versteht man das freie und vollwache Entscheiden über das, was man denken, tun und unterlassen will. Und unter Fremdsteuerung versteht man eine erhöhte Beeinflußbarkeit, deren Wirkungen dahingehen, daß man sich vom Zufall, von seinen Mitmenschen und von äußeren Eindrücken bestimmen und leiten läßt.

Der vollwache Mensch kann selber darüber bestimmen, wohin er seine bewußte Aufmerksamkeit lenkt, was er denkt, was er fühlt, was er tut und was er unterläßt. Derjenige aber, der sich in einem halbwachen Zustand oder gar in einem hypnoiden Teilschlaf befindet, wird sowohl von seinen eigenen Phantasiebildern, wie auch von seiner Umwelt äußerst leicht beeinflußt. Tagträumen, Phantasieren, Grübeln und Nachdenken über unwirkliche Dinge kann sogar den Grad der Wachsamkeit so weit herabsetzen, daß regelrechte Selbsthypnosezustände eintreten, die dann, weil sie ja unkontrolliert sind, die vielfältigsten negativen Folgen auslösen können.

Grübelt man über eine Krankheit nach und phantasiert sich das Vorstellungsbild dieser Krankheit lebhaft in sich hinein, dann kann sich die betreffende Krankheit sogar mit allen ihren Symptomen tatsächlich einstellen. Einfach als logische Folge der sich beim Grübeln und Phantasieren automatisch herabsetzenden Wachsamkeit bei gleichzeitiger Steigerung der Beeinflußbarkeit. Solche „eingebildete" Krankheiten sind echt

und wirklich und sie verursachen daher auch die entsprechenden Leiden, Schmerzen und Behinderungen, genauso, wie wenn die Krankheit nicht durch Einbildung, sondern durch natürliche Ursachen ausgelöst worden wäre.
Eine andere sehr negative Folge des Tagträumens, Phantasierens, Grübelns und Nachdenkens über unwirkliche Dinge ist die hohe Empfindlichkeit gegenüber Stimmungen und Emotionen negativer Art. In einem Zustand des Halbwachseins oder Teilschlafes löst schon der kleinste Anlaß einen heftigen Ärger, einen Wutanfall oder eine andere negative emotionale Erschütterung aus. Das Umschalten auf Wirklichkeitssteuerung aber, das vollbewußte Anteilnehmen am jeweiligen Erleben und Geschehen der Wirklichkeit, beseitigt diese Anfälligkeit gegenüber negativen Emotionen sofort. Man kann sich über kleine und unwichtige Dinge gar nicht mehr ärgern, wenn man mit seinem Bewußtsein tatsächlich bei der Wirklichkeit, beim Erleben und Geschehen des HIER, JETZT und SOSEINS ist. Die hohe Empfindlichkeit gegenüber negativen Emotionen ist ja eine logische Folge der mit einer geringen Wachsamkeit automatisch einhergehenden hohen Beeinflußbarkeit.
Auch der ständige Stimmungswechsel ist eine Folge der hohen Beeinflußbarkeit gegenüber eigenen Ideen und Gedanken und gegenüber äußeren Beeinflussungen. Wer außerhalb seiner Wirklichkeit lebt wird immer wieder erleben, daß seine Stimmungen und seine Emotionen von einem zum anderen Augenblick wechseln und sich damit ein unstetes und unausgeglichenes Wesen einstellt. Jetzt heiter und lustig, im nächsten Augenblick betrübt und traurig; soeben von einer Sache begeistert und schon wenige Augenblicke später enttäuscht;

einen Entschluß fassen und schon wenige Minuten später gerade das Gegenteil tun. Das ist das ständige Wechseln und Ändern der Stimmung des Menschen, der außerhalb seiner Wirklichkeit leben will und der sein Glück und seine Entfaltung in der Welt der Träume, der Phantasie und des Nachdenkens sucht.

Solche Menschen der unwirklichen Welt fühlen sich nach einem Kriegsfilm als Kriegsheld, nach einem Friedensfilm als Pazifist, nach einem Wildwestfilm als Sheriff oder Indianerhäuptling und nach einem Gangsterfilm als Gangsterboß. Sie richten heute ihr Leben nach dieser Lehre und Weltanschauung ein und nehmen morgen eine entgegengesetzte Lehre, Religion, Weltanschauung oder politische Richtung an. Es sind die Menschen, die sich von jedem Verkäufer und Vertreter etwas verkaufen und aufschwätzen lassen, die gedankenlos Kaufverträge und Ratenzahlungsverträge unterschreiben und morgen das Ganze wieder rückgängig machen wollen. Und das ist auch durchaus begreifbar, denn geringe Sinneswahrnehmungen = geringe Wachsamkeit. Und: geringe Wachsamkeit = hohe Beeinflußbarkeit.

Nur der vollwache Mensch, der mit seinen Sinnen in der Außenwelt der Wirklichkeit lebt, ist tatsächlich in der Lage, seine volle Aufmerksamkeit bewußt zu lenken. Und nur er kann sich selber eine eigene und klare Zielvorstellung geben, die dann auch automatisch ihre gewünschte Wirkungen auslöst. Der in der Wirklichkeit der Sinneswahrnehmungen lebende Mensch ist tatsächlich das, was man als den eigenen Herrn seines Schicksals bezeichnen kann. Nur er ist eine freie und selbstentscheidende Persönlichkeit. Denn nur das Leben in der Welt der sinnlich wahrnehmbaren Wirklichkeit, im HIER,

JETZT und SOSEIN, und das vollbewußte Anteilnehmen am jeweiligen Erleben und Geschehen der Gegenwart und des Diesseits, gibt die Steuerenergie für das Wachsamkeitszentrum. Die logische Folge eines solchen wirklichen Lebens ist die volle Wachsamkeit, die volle Energiebereitschaft, die volle Leistungsbereitschaft und die volle Freiheit, über sich selber, über seine Reaktionen und damit die Fähigkeit, über das eigene Leben und Schicksal selber zu bestimmen.
Der Mensch ist von Natur aus wirklichkeitsgesteuert. Ganz gleich, ob er dies berücksichtigt und damit im Einklang mit der Natur und dem Leben steht, oder ob er das nicht wahrhaben will und damit gegen die Natur und gegen das Leben ist. Seine Wirklichkeitssteuerung ist eine gegebene Tatsache. Sie ist wirksam. Jede Abweichung von ihr und jedes Hinlenken auf eine emotionale Fehlsteuerung aus dem Bereich der Tagträume und der Phantasie hat negative, gesundheitsschädliche und entfaltungshemmende Wirkungen.
Der Mensch ist eine Funktionseinheit. Sein Bewußtsein steuert ihn entweder aus dem Bereich der Wirklichkeit in Richtung auf Glückserleben, Gesundheit und Entfaltung, oder aber der Mensch steuert sich selber aus dem Bereich eines unwirklichen Lebens in Richtung auf Leiderleben, Krankheiten und Entfaltungshemmungen.

DIE KYBERNETISCHE ZIELORIENTIERUNG DES MENSCHEN

Einer der Grundbegriffe der modernen Wissenschaft, besonders der Kybernetik, ist der des SYSTEMS. Ein System, das ist ein Gebilde verschiedener Faktoren oder Dinge, die organisch zu einer Funktionseinheit zusammenwirken. So ist z.B. der Kühlschrank durch das zielorientierte Zusammenwirken seiner Einzelteile ein System. Dieses besteht aus einem Kühlaggregat und einem Thermostaten. Der Thermostat wird innerhalb gewünschter Temperaturgrenzen eingestellt. Steigt nun die Temperatur über den eingestellten Wert an, dann schaltet der Thermostat das Kühlaggregat ein. Dieses kühlt nun den Innenraum des Kühlschranks, bis der untere Einstellungswert erreicht ist. Sobald dies der Fall ist, schaltet das Thermostat das Kühlaggregat wieder aus. So paßt sich das Kühlsystem des Kühlschranks der Umgebungstemperatur dahingehend an, daß trotz laufender Veränderung der Außentemperatur die Innentemperatur innerhalb festgelegter Grenzen gleichbleibt.

Ein ähnliches Kühlsystem hat auch der Mensch. Es steuert bei erhöhter Außentemperatur die Schweißdrüsen, diese sondern Schweiß ab und dieser kühlt durch sein Verdunsten den Körper. Dadurch wird eine obere Temperaturgrenze eingehalten. Sinkt aber die Außentemperatur, dann schaltet das menschliche Temperatursystem auf eine erhöhte Erwärmung der

Haut durch kreislaufwirksame Faktoren oder wenn nötig, auch durch eine Erhöhung der innerkörperlichen Verbrennung von wärmespendenden Nahrungsstoffen. So wird die Körpertemperatur auch nach unten begrenzt. Wie Sie sicher wissen, liegt die normale und durchschnittliche Körpertemperatur bei etwa 37 Grad Celsius und sie wird das ganze Leben hindurch – mit Ausnahme bei Infektionskrankheiten – innerhalb geringer Abweichungen beibehalten.

Jedes im Menschen wirksame System ist zielorientiert, hat also ein ganz bestimmtes Ziel einzuhalten. Die Zielorientierung des menschlichen Temperatursystems ist die Aufrechterhaltung einer gleichbleibenden Körpertemperatur innerhalb einer sich ständig ändernden Außentemperatur. Die Zielorientierung des gesamten innerkörperlichen Systems ist die Aufrechterhaltung gleichbleibender Lebensbedingungen im Innern des Körpers für alle Körperzellen innerhalb einer sich ständig ändernden Außenwelt. Die Zielorientierung des sozialen Anpassungssystems ist die Aufrechterhaltung optimaler Lebensbedingungen innerhalb einer sich ständig ändernden sozialen Umwelt. Und die Zielorientierung des ganzen Menschen als Gesamtsystemkomplex ist schließlich die Aufrechterhaltung optimaler Lebensbedingungen in Richtung auf die Zielorientierung des nächsthöheren Systems. Und dieses nächsthöhere System ist für den einzelnen Menschen die FAMILIE.

Der einzelne Mensch ist eingeschlechtlich. Er hat daher keine Entfaltungsmöglichkeit über seine relativ kurze Lebenszeit hinaus. Das Leben aber will eine Entfaltung, die auch über die Lebensspanne des Einzelwesens hinausreicht. Also eine Entfaltung innerhalb der Zeit als laufendes Fortschreiten von

Augenblick zu Augenblick, von Gegenwart zu Gegenwart und von JETZT zu JETZT. Damit sich das Leben auf diese Weise über die zeitlichen Grenzen des einzelnen Menschen hinausgehend entfalten kann, hat es den Menschen in Richtung auf die Familie zielorientiert. Wie alle anderen Zielorientierungen des Menschen, so ist auch die auf die Familie gerichtete automatisch wirksam. Man kann sich ihr daher nicht entziehen, wenn man im Einklang mit dem Leben bleiben will. Die Familie ist die Zelle der menschlichen Gesellschaft. Ohne die Familie und die damit verbundene Fortpflanzung, müßte die ganze menschliche Gesellschaft aussterben. Damit diese Zielorientierung dauerhaft genug ist, hat sie das Leben bereits in jeder einzelnen Körperzelle fixiert.

Das Gedeihen eines Menschen ist davon abhängig, wie weit er mit seiner Zielorientierung im Einklang lebt. Strebt ein Mensch gegen diese Zielorientierung, dann kann er nicht gedeihen. Er wird schließlich funktionsgestört und krank. Das Gedeihen und der Gesundheitszustand des Einzelmenschen ist immer davon abhängig, ob er im Einklang oder im Widerspruch mit seiner natürlichen Zielorientierung lebt. Jedes Abweichen von der natürlichen Zielorientierung – ganz gleich aus welcher Ursache oder aus wessen Schuld – stört und hemmt das körperliche Funktionsgeschehen. Man kann auch sagen: der Mensch erkrankt immer dann, wenn er mit seiner inneren Wahrheit, mit dem Sinn seines Daseins, im Widerspruch lebt. Und diese innere Wahrheit ist die natürliche Zielorientierung, die ihm das Leben gegeben hat.

Die primäre Zielorientierung des einzelnen Menschen geht in Richtung Familie. Und zwar zunächst einmal in Richtung auf Partnerwahl und Vermehrung. Dann in Richtung auf die optimale Entfaltung der Familie. Und das bedeutet, in Richtung auf bestmögliche Lebensbedingungen innerhalb der Familie und für die Familie. Jedes Abweichen von dieser Zielorientierung macht sich durch negative Emotionen bemerkbar, die dazu dienen, den ganzen Menschen bewußt wie unbewußt in die Richtung seiner Zielorientierung auszurichten und einzustellen.

Kann das Leben aber sein Ziel auf normalem Wege nicht erreichen, dann wendet es alle ihm zur Verfügung stehenden Mittel an, um das Ziel doch noch zu erreichen. Die von den kybernetischen Programmierungen der Zellfunktionen ausgehenden Mittel und Wirkungen gehen dabei sogar soweit, daß sie den Menschen leidend und krank machen, um damit zu erreichen, daß er sich doch noch auf seine Zielorientierung besinnt. Dabei hat das Leben oft gute Erfolge, denn gerade im Leiden und im Kranksein besinnt sich der Mensch am leichtesten darauf, wonach er wirklich zu streben hat.

Reichen aber auch diese Mittel nicht aus, um den Menschen wieder in seine natürliche Zielorientierung einzustellen und ihn auf sie auszurichten, dann verliert das Leben an diesem Menschen sein Interesse. Die Folgen sind dann, daß von den Zellen ausgehend, der Körper langsam zerstört wird. Und das bedeutet, daß zunächst der schwächste und empfindlichste Körperteil und dann schließlich der ganze Körper von unheilbaren Krankheiten ergriffen wird.

So regelt das Leben das Gedeihen derjenigen Menschen, die im Einklang mit ihrer natürlichen Zielorientierung leben. Und so schaltet das Leben diejenigen Menschen aus dem Entfaltungsprozeß des Lebens aus, die sich seiner Zielorientierung entgegenstellen und damit nicht nur ihre eigene Selbstentfal-

tung, sondern auch die Entfaltung anderer Menschen stören, hemmen und verhindern.
Dies betrifft aber nicht nur einzelne Personen, sondern auch ganze Familien, ganze Gruppen und ganze Völker. Familien, in denen sich von Generation zu Generation hindurch, infolge einer lebensfeindlichen Erziehung, solche Denk-, Gefühls-, Strebens- und Verhaltensgewohnheiten fortgepflanzt haben, die der Zielorientierung des Lebens entgegenstehen, diese stören, hemmen und verhindern, sterben aus. Und sofern ganze Völker von lebensfeindlichen Ideologien durchsetzt sind, sorgt das Leben durch Revolutionen und Krieg dafür, daß diese Menschen nicht mehr weiter die Möglichkeit haben, das Leben und seine Entfaltung zu stören, zu hemmen und zu verhindern.
Die Zielorientierung des Lebens bedeutet für den einzelnen: die Entfaltung innerhalb der Familie. Und für die Familie; die aktive Anteilnahme an der Entfaltung der ganzen menschlichen Gesellschaft durch Förderung der Entfaltung anderer Menschen durch Nutzenbieten und Werteschaffen.
Das Leben kennt noch verschiedene andere Wege, um solche Menschen, die eine lebensfeindliche Einstellung haben, aus dem Entfaltungsprozeß des Lebens und der menschlichen Gesellschaft auszuschalten. Solche Wege sind: Gemütskrankheiten und Geisteskrankheiten, die meist solche Personen befallen, die sich nicht von der lebendigen Wirklichkeit, sondern von einer unwirklichen Traum- und Phantasiewelt steuern lassen. Wer in seine eigene unwirkliche Welt hineinlebt, wird mit der Zeit gemütskrank und neurotisch. Wer dabei auch noch Gedankengängen nachgeht, die der Entfaltung der menschlichen Gesellschaft innerhalb der natürlichen, sozialen und

wirklichen Möglichkeiten widersprechen, geht schließlich den Weg der Geisteskrankheit.

Ein anderer Weg um lebensfeindliche Menschen zum Bewußtsein ihrer natürlichen Zielorientierung zu bringen, ist der Weg über die Kriminalität. Wer sich auf Kosten anderer entfalten will, ohne direkt gegen die Gesetze zu verstoßen, der wird von den bekannten Zivilisationskrankheiten heimgesucht. Wer aber seine eigene, selbstsüchtige und verirrte Selbstentfaltung gegen die Gesetze der Gesellschaft durchsetzen will, der wird kriminell und auf diese Art und Weise aus der Gesellschaft und ihrer Entfaltung für eine kürzere oder längere Zeitspanne ausgeschaltet.

Die kybernetischen Prinzipien von zielorientierten Systemen gelten im Gesamtbereich des Lebens. Die einzelne Zelle wird mit ihren Funktionen vom Zellverband, vom Organ oder Körperteil erfaßt, dem sie angehört. Die Organe und Körperteile werden von der Zielorientierung des ganzen Menschen erfaßt, dem sie angehören. Der einzelne Mensch wird von seiner Familie als nächsthöheres System erfaßt und die Familie schließlich von der ganzen Gesellschaft als derzeit höchstes zielorientiertes System innerhalb der Entfaltung des irdischen Lebens. Die Zielorientierung des einzelnen Lebewesens ist naturbedingt und lebensbedingt. Ihre Funktionen laufen daher mit dem Zwangscharakter von Naturgesetzen ab.

Das Leben hat sich im Laufe vieler Millionen Jahre zu dem entwickelt, was es heute ist. Und diese Entwicklung geht immer weiter. Zuerst waren einzelne Zellen, dann Zellgruppen, Zellverbände und schließlich haben sich daraus riesige Zellstaaten von vielen Billionen Zellen entwickelt. Und dieser Entwicklungsweg geht, gerade heute besonders deutlich erkenn-

bar, zu einer neuen Lebensform über: zur organischen Lebensform der menschlichen Gesellschaft als Funtkionseinheit.
Gerade in der heutigen Zeit erleben wir, wie sich Völker zu Interessengemeinschaften, zusammenfügen. Und schließlich zielt diese Entwicklung darauf hin, die ganze Menschheit zu einem einzigen Menschenstaat zu vereinen. Das Netzwerk der modernen Nachrichtenverbindungen, das sich bereits über die ganze Erde erstreckt, erinnert sehr an das Netzwerk des menschlichen Nervensystems. Die modernen Verkehrsadern, die Völker und Kontinente verbinden, sind dem menschlichen Blutkreislauf ziemlich ähnlich. Die Energieversorgungssysteme, die Industriezentren wie auch die vielen überstaatlichen Einrichtungen wie UNO, Weltgesundheitsorganisation, die Vereinigungen von Wissenschaft, Wirtschaft und die Zentralisierung des Handels, das alles sind Kennzeichen der Entwicklungsrichtung des Lebens in Richtung auf eine einheitliche und organische, als Gesamtlebewesen zusammenwirkende, Menschheit.
Daß aber auch dieser Entwicklungsgang wiederum eine noch weitergreifende Zielorientierung hat, erkennen wir daraus, daß sich gerade jetzt das irdische Leben daranmacht, sich auch über den irdischen Lebensbereich hinaus auf das ganze Sonnensystem auszubreiten. Und wenn wir daran denken, daß der Mensch die Herrschaft über die unendlichen Energiereserven der Natur hat (Kernenergie und Fusionsenergie), dann können wir nicht mehr daran zweifeln, daß selbst die heute noch unbewohnbaren Planeten des Sonnensystems eines Tages auch für irdisches Leben bewohnbar werden. Und diese Tendenz der menschlichen Entwicklung ist auf die ganze menschliche Gesellschaft aufgebaut. Daher sind die

Probleme wie Rassenhaß, Religionsstreit, Kolonialismus, Nationalismus und Militarismus Probleme in den Köpfen solcher Menschen, denen die Wirklichkeit noch fremd ist. Nämlich solcher Menschen, die in einer unwirklichen Traum- und Phantasiewelt leben und die sich daher entgegen den Tatsachen, innerhalb ihrer eigenen unwirklichen Welt, noch auf Kosten anderer Menschen oder auf Kosten anderer Völker entfalten wollen.

Wenn wir die Praxis des Lebens betrachten und dabei unser Augenmerk auf solche Menschen lenken, die auch heute noch in einer Welt der Unwirklichkeit, in einer Welt der Vergangenheit leben, dann sehen wir ganz deutlich, daß gerade bei solchen Menschen, die auch heute noch an Rassenhaß, Religionskampf, Kolonialismus, Ausbeutertum, Nationalismus und Militarismus festhalten, sich die modernen Zivilisationskrankheiten am stärksten ausbreiten.

Das Leben geht seinen Weg. Es bedient sich dabei – wie schon viele Millionen Jahre hindurch – aller ihm zur Verfügung stehenden Mittel. Ob der Mensch weiter existieren wird, oder ob er sich noch kurz vor dem Ziel seiner Entfaltung zu einer einheitlichen Menschheit selber ausrotten wird – die Mittel dazu hat er ja –, das ist die Frage. Und sie wird sicher im Sinne des Lebens entschieden.

MENTALITÄT UND REAKTIONSSYSTEME

Obwohl die natürliche Zielorientierung bei jedem Menschen in gleicher Art und Weise vorhanden ist, hat doch jeder einzelne eine andere Mentalität, eine andere geistige Einstellung. Wo liegen nun die Ursachen für diese Verschiedenartigkeit von Zielorientierung und Mentalität?
Die Zielorientierung, wie auch der ganze automatische Körpermechanismus mit seinen vielen Steuerungs- und Regelungssystemen ist naturbedingt und damit erbbedingt. Die Mentalität aber, die geistige Einstellung des Menschen zu sich selber, zu seinen Mitmenschen, zur Gesellschaft, zum Staat und zur Welt, ist erziehungsbedingt. Und da jeder einzelne irgendwie eine gewisse Verschiedenartigkeit in seiner Erziehung hat, die sich ja aus vielen Einzelfaktoren zusammensetzt, gibt es kaum zwei Menschen, die dieselbe Mentalität haben.
Die Mentalität, also das, was wir als die geistige Einstellung oder als den Charakter betrachten, setzt sich aus der Summe aller in einem Menschen vorhandenen und wirksamen Denkgewohnheiten, Gefühlsgewohnheiten, Strebensgewohnheiten und Verhaltensgewohnheiten zusammen. Alle diese Gewohnheiten können wir als Reaktionssysteme bezeichnen, weil sie in jedem Falle eine automatische Reaktion auf irgendwelche innere oder äußere Reize und Wahrnehmungen darstellen.
Solche Reaktionssysteme bilden sich im Laufe der Erziehung. Schon das Kind im Mutterleib ist über das neuro-humorale

Steuersystem mit der Mentalität der Mutter verbunden. Und so bilden sich bereits vor der Geburt die ersten Gefühlsgewohnheiten und emotionalen Reaktionssysteme. Beim Säugling bilden sich bereits viele Reaktionssysteme durch die natürliche und soziale Umgebung, durch Witterungsreaktionen, durch die Stimmung, die Gewohnheiten und Gepflogenheiten innerhalb der Familie usw. Beim Kleinkind bis zum Schulkind bilden sich diejenigen Reaktionssysteme, die man dann später als den Grundzug der Persönlichkeit bezeichnen kann und die meist das ganze Leben über wirksam bleiben. In der Schule und in der Berufsausbildung werden dann diejenigen Reaktionssysteme erworben, die sich später als die soziale Reaktionsweise durch Lebenserfahrungen nur noch geringfügig verändern. Auch werden in Schule und Berufsausbildung manche Reaktionssysteme der Erzieher übernommen oder es bilden sich auf Grund einer gewissen Opposition gegenüber Lehrer und Ausbilder diejenigen Reaktionsweisen, die dann das spätere Verhalten gegenüber „höhergestellten" Personen bestimmen. Aber auch der Erwachsene kann noch Reaktionssysteme bilden. Besonders durch emotionale Erlebnisse, durch Lebenserfahrungen und durch eine bewußte Selbsterziehung.

Das Leben im Menschen arbeitet nach dem Gesetz der maximalen Leistung bei minimalem Energieaufwand. Und das ist die eigentliche Ursache für die Bildung von Reaktionssystemen (Gewohnheiten). Jede Neuanpassung an die Umwelt erfordert eine bewußte Arbeit, ein bewußtes Denken, eine bewußte Lenkung der Aufmerksamkeit, ein bewußtes Auslösen von Zielvorstellungen und schließlich auch noch eine bewußte Kontrolle ihrer Durchführung. Und daher bedeutet jedes bewußte Tun einen relativ hohen Energieverbrauch. Sicher wissen Sie selber, wie schwer oft eine komplizierte Tätigkeit sein kann, wenn man sie das erstemal durchführt. So z.B. das Autofahren, wenn man es als erwachsener Mensch in einer Fahrschule lernen muß. Man muß bewußt auf so viele Einzelheiten achten, daß man sich durch und durch angestrengt, ja nahezu überfordert fühlt. Ist aber das Autofahren einmal – durch Wiederholung und Üben – zu einer Gewohnheit, zu einem Reaktionssystem geworden, dann geht alles automatisch mit minimaler Anstrengung und minimalem Energieaufwand vor sich. Das Autofahren wird mit der Zeit sogar zum Vergnügen.

So hat der Mensch die Möglichkeit, innerhalb seines Gehirn-Nervensystems alle wiederkehrenden Tätigkeiten, Denkarbeiten, Strebensrichtungen, Gefühle und Verhaltensweisen zu Gewohnheiten und damit zu unterbewußt-automatisch ablaufenden Reaktionssystemen zu machen. Dies dient von Natur aus seiner Entfaltung, stellt aber – wie wir gleich sehen werden – der Zielorientierung des Lebens gegenüber eine Möglichkeit der Störung, Hemmung und Hinderung dar, wenn infolge einer falschen, unzweckmäßigen und mit der Zielorientierung des Lebens im Widerspruch stehenden Erziehung oder Selbsterziehung solche Reaktionssysteme erworben werden, die dann in ihren Wirkungen und Folgen gegen diese Zielorientierung gerichtet sind.

Die Zielorientierung des Lebens ist in den Zellen programmiert. Sie kann daher praktisch nicht geändert werden und bleibt damit das ganze Leben hindurch wirksam. Die Reaktionssysteme aber sind im Gehirn-Nervensystem programmiert. Sie können daher geändert, erweitert, eingeschränkt und sogar neu programmiert werden. Wäre dies nicht der Fall, dann wäre die Menschheit schon lange ausgestorben, denn eine feste und unveränderliche, negative und lebensfeindliche Mentalität, würde immer wieder zu einem Kampf mit sich selber und mit der Umwelt führen. Und wäre die Mentalität auch noch vererbbar, dann wäre der Mensch an eine neue und sich laufend entfaltende Umwelt nicht mehr anpassungsfähig. Es ginge ihm dann so, wie es den Riesenechsen der grauen Vorzeit ergangen ist, die sich nicht mehr den laufenden Veränderungen der Umwelt anpassen konnten: der Mensch würde aussterben und anderen Lebewesen – vielleicht den Insekten – den irdischen Lebensraum zur optimalen Entfaltung freigeben.

Wie entstehen Reaktionssysteme? Jede wiederkehrende Tätigkeit, Denkweise, Gefühlsweise und Verhaltensweise wird mit zunehmender Wiederholung immer leichter. Zugleich wird die dazu benötigte bewußte Anstrengung und damit die aufzuwendende Energie immer geringer. Und schließlich hat sich das Reaktionssystem in allen Einzelheiten im Gehirn-Nervensystem so fest eingeprägt, daß alles spielend leicht, anstrengungslos und unterbewußt-automatisch abläuft.

Stellen Sie sich einen Fahrschüler vor, der das erstemal in einer verkehrsreichen Straße in der Großstadt fährt und sich dabei gleichzeitig mit einem Beifahrer über geistig anstrengende Probleme unterhalten möchte. Was wäre die Folge? Zweifellos eine wesentliche Verschlechterung der Fahrsicherheit und vielleicht auch ein Versagen der bei der Unterhaltung über geistig anstrengende Probleme nötigen geistigen Leistungsfähigkeit. In der Praxis wäre so ein Fahrschüler verkehrsgefährdend. Wie leicht aber kann man sich während des Autofahrens über alle möglichen und unmöglichen Probleme unter-

halten, wenn der Vorgang des Fahrens zu einem unterbewußt-automatisch ablaufendem Reaktionssystem geworden ist.
So zielt die Fähigkeit der Bildung von Reaktionssystemen darauf hin, das Leben zu erleichtern, die Anpassung zu vereinfachen und den Energieaufwand bei allen wiederkehrenden Reaktionsweisen zu verringern. Und damit dient die Bildung von Reaktionssystemen eigentlich der Entfaltung.
Nun aber hat das Gehirn-Nervensystem nicht nur die Fähigkeit, solche Reaktionssysteme zu bilden, die positiv, wünschenswert, zweckmäßig und entfaltungsfördernd sind, sondern auch solche, die negativ, unerwünscht, unzweckmäßig und daher entfaltungshemmend sind. Es mag im Leben vieler Menschen Zeiten und Perioden geben, wo es zu einem bestmöglichen Überleben zweckmäßig ist, wenn man seine Meinung verbirgt und seine Emotionen zurückhält. So z.B. in Zeiten einer Diktatur, wo ein freier Meinungsausdruck vielleicht das Leben gefährden könnte. Oder in der Kindheit, wenn der Vater jeden offenen Meinungs- und Emotionsausdruck der Kinder mit Schlägen bestraft. Oder dann, wenn eine unvernünftige Mutter, die nur ein „braves“ Kind will, das schweigt, bedingungslos folgsam und „anständig“ ist, jeden freien Ausdruck von Mißmut, Ärger, Kummer, Zorn, Wut usw. durch Bestrafungen verhindert. So ein Kind lernt es dann im Laufe der Zeit ganz von selber, seine wahren und ehrlichen Gefühle und Gemütsbewegungen zu unterdrücken. So entsteht die heute so weit verbreitete Gewohnheit der Unterdrückung und des Zurückhaltens aller wahren und ehrlichen Emotionen. Die Folgen dieser Gewohnheit sind Entfaltungshemmungen, sog. „seelische“ Hemmungen und ein allgemeines Gehemmtsein in Beziehung zu sozialen Situationen

und sozialen Entfaltungsaktionen.
Reaktionssysteme bleiben aufrecht und wirken solange fort, bis sie durch andere, entgegengesetzte Reaktionssysteme ersetzt werden. Reaktionssysteme sind ja Programmierungen im Gehirn-Nervensystem und sind daher in energetisch-informatorischer Weise fixiert, laufen also unterbewußt-automatisch nach kybernetischen Prinzipien ab. Solche Reaktionssysteme, die in der frühen Kindheit durch eine falsche und unzweckmäßige Erziehung erlernt und erworben wurden, sind auch noch nach Jahren und Jahrzehnten voll wirksam. Hat es ein Kind gelernt, seine wahren und ehrlichen Emotionen zurückzuhalten und zu unterdrücken, weil es sich vor Bestrafungen fürchtete, dann hat der erwachsene Mensch viele Jahre später noch immer die Folgen zu tragen. In ihm sind Reaktionssysteme wirksam, die automatisch bewirken, daß er seine wahren und ehrlichen Emotionen unterdrückt und zurückhält, sie also nicht frei und spontan ausdrückt, sondern staut. Und damit gehört er zum großen Heer der „seelisch" und sozial Gehemmten.
So ist es auch mit Denkgewohnheiten. Wird ein Kind dazu erzogen, immer zu zweifeln, dann wird daraus das Reaktionssystem des Zweifelns. Und dieses bewirkt, daß immer zwei entgegengesetzte Denkrichtungen nacheinander oder zugleich ins Bewußtsein treten. Und das ist für eine Entfaltung zweifellos hemmend.
So ist es auch mit Strebensgewohnheiten. Lernt ein Kind, daß es sich zusammenreißen und anstrengen muß, wenn es etwas erreichen will, dann wird daraus ein Reaktionssystem. Und dieses bewirkt dann, daß bei jeder auf Entfaltung gerichteten Tätigkeit automatisch das Streben eintritt, sich nun zusammen-

zureißen und anzustrengen. Und das verhindert Glückserleben und damit die volle Leistungsfähigkeit. An Stelle wirklicher Entfaltung treten dann Verkrampfungen, Anspannungen und Funktionsstörungen.
Lernt ein Kind, daß die Menschen alle schlecht sind und daß es sich daher vor ihnen in acht nehmen müsse, dann wird auch diese Einstellung zu einem Reaktionssystem. Die Folgen sind dann später: ein mißtrauischer, pessimistischer und asozial denkender Mensch, der weder zu einem Glückserleben noch zu einer sozialen Entfaltung kommen kann, weil ihn sein Reaktionssystem des Mißtrauens daran hindert, anderen Menschen und der menschlichen Gesellschaft zu vertrauen.
Viele Kinder werden – teils von ihren Eltern, teils aber auch von der Schule aus – darauf eingestellt, daß das Leben ein Kampf ist und daß in diesem Kampf jeder Mitmensch eigentlich ein Konkurrent ist, den man durch bessere Leistungen, durch mehr Können und durch wirtschaftlichen und sozialen Kampf überrunden und schlagen muß. Daraus entsteht dann ein gesundheitsschädliches und entfaltungshemmendes Reaktionssystem. Ganz automatisch schaltet so ein Mensch immer auf Emotionen des Kampfes um. Und dadurch nimmt er, sowohl innerlich in seiner Mentalität, wie auch äußerlich in seinem Verhalten, eine verkrampfte und anspannende Kampfeinstellung gegenüber seinen Mitmenschen, gegenüber der ganzen Gesellschaft und auch gegenüber dem Staat als kybernetisches Steuerzentrum der Gesellschaft ein. Die Folgen sind: Entfaltungsmangel und damit nur eine geringe Lebenserwartung.
Aber auch Gefühlsgewohnheiten werden zu Reaktionssystemen. Herrscht innerhalb der Familie eine negative, haßer-

füllte und lebensfeindliche Stimmung, dann kann auch daraus ein Reaktionssystem werden. Kinder aus solchen Familien sind dann sehr oft gegen eine Ehe eingestellt, weil sie unterbewußt-automatisch alles, was mit einer Ehe und mit einer Familiengründung zusammenhängt, als negativ empfinden. Die Gefühle, die sich bei diesen oder jenen Gedanken automatisch einstellen, sind immer auf Reaktionssysteme zurückzuführen. Reaktionssysteme sind ja unterbewußt-automatische Reaktionsweisen auf Reize, Wahrnehmungen usw. Auch ein Gedanke kann ein auslösender Reiz für Reaktionssysteme sein. Gerade die Gefühle, die sich automatisch auf diese oder jene Gedankenrichtung einstellen, lassen tiefgehende Rückschlüsse auf die Mentalität eines Menschen zu. Gefühle und Gemütsbewegungen sind keine Zufallsreaktionen, sondern immer die logische Folge von Reaktionssystemen, also eine Sache der Mentalität.

Alles, was im Menschen immer wiederkehrend erlebt wird, bildet mit der Zeit unterbewußt-automatische Reaktionssysteme, die dann – meist das ganze Leben hindurch – solange wirksam bleiben, bis andere, neue und entgegengesetzte Reaktionssysteme erworben werden. Jedes Reaktionssystem ist auf natürliche Art und Weise entstanden und hatte einmal einen Sinn und Zweck. Das Weiterwirken negativer Reaktionssysteme aber stört sowohl das Glückserleben als auch die Entfaltung. Positive Reaktionssysteme aber sind durchaus entfaltungsfördernd. Wie sich die Summe aller vorhandenen und wirksamen Reaktionssysteme in positive und negative aufteilt, das entscheidet weit mehr über Schicksal, Gesundheit und Entfaltung des einzelnen, als alle anderen Faktoren zusammen. Überwiegen die positiven Reaktionssysteme, dann

ist ein Mensch gut entfaltungsfähig. Wo aber negative Reaktionssysteme überwiegen, dort findet man immer Entfaltungshemmungen, Mangel an Glückserleben und dementsprechend natürlich auch Funktionsstörungen, einen schlechten Gesundheitszustand und chronische Krankheiten.
Die aus einer negativen, unzweckmäßigen und lebensfeindlichen Erziehung kommenden negativen Reaktionssysteme, ganz gleich ob Denkgewohnheiten, Gefühlsgewohnheiten, Strebensgewohnheiten oder Verhaltensgewohnheiten, sind daran schuld, daß so viele Menschen nach einer falschen Entfaltung und nach einer falschen Entfaltungsrichtung streben. Nämlich nach einer Entfaltung außerhalb ihrer eigenen natürlichen, persönlichen und sozialen Wirklichkeit. Da gibt es die verschiedensten Typen solcher, nach einer falschen und unwirklichen Entfaltung strebender Menschen. Einige dieser Typen sollen hier angedeutet werden.
Da sind zunächst einmal alle diejenigen, welche außerhalb ihrer natürlichen Wirklichkeit nach Entfaltung suchen und nach Dingen streben, die es innerhalb der natürlichen Wirklichkeit gar nicht gibt. Dazu gehören zuerst einmal die Träumer und Phantasten, die sich lieber innerhalb ihrer eigenen Traum- und Phantasiewelt einspinnen als einmal zu versuchen, tatsächlich das zu sein, was sie wirklich sind, nämlich Mitmenschen wie alle anderen auch. Dazu gehören aber auch die Wahrheits- und Gerechtigkeitsapostel, die in „höchsten" und „erhabensten" Gedanken die Menschheit, verbessern wollen. Die aber in der Praxis ihre eigene Familie, ihren Beruf und ihre einfachsten Bürgerpflichten vernachlässigen. Und dazu gehören auch diejenigen Gottsucher, die das, was sie als Gott meinen, außerhalb des Lebens und außerhalb ihres

eigenen Selbst suchen. Und die dann bei irgendeiner der vielen Sekten landen. Zu den Menschen, die in einer Welt der Unwirklichkeit Entfaltung suchen, gehören auch die, welche der Meinung sind, daß Wissen gleichbedeutend mit Macht sei. Und die dann das ganze Leben hindurch nichts weiter anstreben als Wissen zusammenzutragen, mit dem sie dann letzten Endes doch nichts anfangen können. Aber auch die sog. Magier und Mystiker gehören dazu, soweit sie Magie und Mystik nicht als Symbole für das wirkliche Leben betrachten, sondern der Meinung sind, sie könnten eine andere, eine jenseitige Welt herbeizaubern, die ihnen dann jeden Wunsch erfüllt. Aus dem Reich der Träumer und Phantasiemenschen kommen auch die Luxusanbeter, die nur deshalb nach Luxus streben, weil sie in ihrer Traumwelt so äußerst leicht beeinflußbar sind und sich daher den modernen Werbe- und Reklamewirkungen nach unnötigem Luxus nicht mehr entziehen können.

Dann kommen diejenigen, welche sich außerhalb ihrer persönlichen Wirklichkeit zu entfalten suchen. Die gar nicht daran denken, daß eine tatsächliche Entfaltung immer nur mit Hilfe der tatsächlich vorhandenen Mittel und Möglichkeiten erreicht werden kann. Und dazu gehören Eignungen, Kenntnisse, Fähigkeiten und tatsächliches – geistiges oder materielles – Vermögen. Es sind hier besonders die Erfolgsstreber zu nennen, die der Meinung sind, daß das, was ihnen ihre eigene Traum- und Phantasiewelt vorspiegelt oder das, was ihnen aus der modernen Traumfabrik schlechter Filme und minderwertiger Romane angeboten wird, die Wirklichkeit des Lebens sei, ihre eigene Wirklichkeit. Solche Menschen streben nach tausenderlei Richtungen. Sie wollen Filmstar,

Schallplattenstar, Bestsellerautor, Fußballkönig, Weltmeister usw. werden. Dabei aber haben sie noch nicht daran gedacht, daß man so etwas tatsächlich werden kann, aber nur dann, wenn man bereit ist, Leistungen auf einem Gebiet zu vollbringen, die weit über dem Durchschnitt liegen. Und was will ein Träumer denn schon tatsächlich, also in Wirklichkeit leisten? Oft sind die Ursachen solcher unwirklicher Streber darin zu suchen, daß Minderwertigkeitskomplexe und soziale Hemmungen überkompensiert werden. Das Streben nach Ehren, Ruhm und öffentlicher Anerkennung ist meist nur ein Verdecken der eigenen Unsicherheit. Hierher gehören auch diejenigen Menschen, die sich selber als den einzigen, wirklichen Menschen betrachten, die aber gleichzeitig von allen anderen Menschen der Meinung sind, das sei ja nur eine wertlose Masse, die gar nicht wert sei, daß man für sie etwas Gutes tue. Minderwertigkeitsgefühle, die aus sozialen Hemmungen kommen, haben immer gleichzeitig den Hang zur Überheblichkeit in sich.

Wollen wir aber auch jene nicht vergessen, die eine Entfaltung außerhalb ihrer sozialen Wirklichkeit suchen. Da sind zunächst einmal diejenigen, welche nach Erfolg und Reichtum auf Kosten anderer Menschen streben. Dann diejenigen, die glauben, sich nur außerhalb der Gesellschaft und ihrer Gesetze entfalten zu können, die Asozialen und Kriminellen, aber auch die, welche der Meinung sind, man müßte unbedingt die Welt verbessern, und zwar mit Gewalt. Dazu gehören auch die mit Haß und zerstörenden Gedanken Beladenen, die sich langsam selber aufzehren und auszehren. Hierher gehören auch die Neurotiker, die glauben man könne im Leben etwas erreichen ohne eigene Leistung und ohne Einsatz der ganzen

Persönlichkeit und die sich daher in diese oder jene Krankheit flüchten. Das sind dann die dauernd „Kranken“, bei denen der Arzt zwar nichts feststellen kann, die aber doch dauernd arbeitsunfähig sind, weil sie ja ihre Entfaltung auch ohne Arbeit und eigene Leistung für möglich halten. Auch die Erfinder und Ideensucher gehören oft hierher. Das sind Menschen, die daran glauben, doch noch einmal die große Erfindung zu machen, die ihnen Millionen – ohne Arbeit – einbringen soll. Und die immer nach der großen Idee suchen, die ihnen – ganz ohne Arbeit und Eigenleistung – Reichtum und Wohlstand oder Ruhm und Ehren einbringen soll. Eine Entfaltung außerhalb der sozialen Wirklichkeit ist nicht möglich. Und zu einer Entfaltung innerhalb der sozialen Gegebenheiten gehören einige Faktoren, die dem Träumer und Neurotiker verhaßt sind, nämlich: eigener Einsatz der ganzen Persönlichkeit, Nutzen zu bieten, tatsächliche Werte zu schaffen und anderen Menschen und der ganzen Gesellschaft gegenüber wohlwollend zu sein. Der Träumer und Neurotiker aber sieht immer NUR sich selber im Mittelpunkt der Welt, bei gleichzeitiger Ignorierung anderer Menschen und bei gleichzeitiger Ablehnung der ganzen menschlichen Gesellschaft und des Staates.

Der ganze Mensch ist als Funktionseinheit die logische Folge seiner natürlichen Zielorientierung und seiner Mentalität. Der moderne Mensch hat so gute und ausgezeichnete Entfaltungsmöglichkeiten innerhalb seiner natürlichen, persönlichen und sozialen Wirklichkeit, wie sie noch nie vorher vorhanden waren. Aber er hat auch eine so lebensfeindliche und entfaltungshemmende Mentalität, wie nie zuvor. Und der Widerspruch zwischen natürlicher Zielorientierung und tatsächlich vorhandenen Entfaltungsmöglichkeiten einerseits und der entfaltungshemmenden und entfaltungsfeindlichen Mentalität andererseits, ist der eigentliche Kern aller modernen Menschheitsprobleme.

DIE URSACHEN

DER NEGATIVEN MENTALITÄT

Das Erziehungssystem, nach dem die meisten der heute lebenden Erwachsenen erzogen wurden, stammt aus einer Zeit, wo es darum ging, die breiten Massen des Volkes nur in Richtung einer beschränkten Entfaltungsfähigkeit zu erziehen. Man wollte keine intelligenten und freien Bürger, sondern brave, gehorsame und obrigkeitshörige Untertanen. Früher regierten in den meisten Ländern noch Familien, Dynastien und Monarchien oder Diktatoren. Man brauchte Arbeiter, Diener und Untertanen. Damals war die körperliche Arbeitskraft praktisch das einzige, wovon ein normaler Mensch leben konnte. Und diese Arbeitskraft wurde ihm für gerade soviel abgekauft, wie er zum Leben, zur Erhaltung seiner Familie und eben zur Erhaltung seiner körperlichen Fähigkeiten brauchte. Die rege Vermehrung der unteren Bevölkerungsschichten sorgte dabei dafür, daß laufend billige Arbeitskräfte vorhanden war.

Heute aber hat sich die Situation grundlegend geändert. Die körperliche Arbeit wird immer mehr von Maschinen ersetzt. Und selbst viele intellektuelle Arbeiten werden heute schon von Datenverarbeitungssystemen, Rechengeräten und anderen automatisch-kybernetischen Geräten geleistet. Der Mensch ist daher heute nicht mehr das eigentliche Arbeitsmaterial, sondern wird immer mehr der Faktor, der die Geräte und Maschinen baut, bedient, plant und steuert. Als Regierungsform hat sich die moderne Demokratie durchgesetzt. Der moderne Mensch braucht daher heute der Obrigkeit – wenn man überhaupt noch so sagen kann – gegenüber nicht mehr so zu reagieren, wie er das früher mußte. Er braucht kein beschränkter Arbeiter oder Diener mehr zu sein, der brav und folgsam zu sein hat und braucht auch nicht mehr obrigkeitshörig als Untertan zu leben. Der moderne Mensch ist ein freies und selberdenkendes Wesen geworden. Wenn man früher keine selberdenkenden und selbstsicheren, intelligenten Menschen brauchte, so sind diese heute geradezu gesucht.

Dank den Fortschritten, welche wir erzielen konnten, hat heute jeder Arbeiter und Angestellter seine geregelte Arbeitszeit wie auch seine garantierte Freizeit. Er ist gegen Unglück und Krankheiten gesichert und hat Anspruch auf seinen jährlichen Urlaub. Er hat sogar innerhalb seines Betriebes ein Mitspracherecht und kann daher auch selber entscheidend am Wohle seiner sozialen Gegebenheiten mitwirken.

Dies alles ändert aber nichts an der Tatsache, daß in den meisten modernen Menschen noch die Reaktionssysteme längst vergangener Zeiten wirksam sind. Mögen diese auch heute unzweckmäßig, störend, hemmend und entfaltungshindernd sein, aber sie SIND noch wirksam, da ja das alte und durch Wissenschaft und Technik längst überholte Erziehungssystem noch weitgehend praktiziert wird.

Die alten Reaktionssysteme sind nicht nur im Arbeiter, Angestellten, Beamten oder Fachmann wirksam, sondern auch noch bei den Menschen, die unsere Kinder erziehen. Und so hat sich das alte und entfaltungsfeindliche Erziehungssystem

weitgehend erhalten.
Der Mensch ist kein Wesen, das ohne negative Folgen für Gesundheit und Entfaltungsfähigkeit, sich durch eine unwirkliche Welt steuern ließe. Der Mensch ist wirklichkeitsgesteuert. Das beweist die moderne Biologie, die moderne Gehirn- und Nervenforschung und die moderne Kybernetik. Und jeder einzelne wird sich dieser Wirklichkeitssteuerung auch immer mehr bewußt. Veraltete und unzweckmäßige Erziehungssysteme werden daher ganz von selber im Zuge der Zeit immer mehr den tatsächlichen Gegebenheiten der Gegenwart angepaßt.
Betrachtet man die Erziehungssysteme und die ihnen zugrunde liegenden Weltanschauungen und Tendenzen, dann kann man an ihrem geschichtlichen Weg klar erkennen, ob sie den Menschen und das Leben fördern oder hemmen, ob sie gut sind oder zerstören. Der geschichtliche Weg falscher Erziehungssysteme und lebensfeindlicher Weltanschauungen ist gekennzeichnet durch Massenunterdrückung, Massenausbeutung, Kriege und Massengräber. Wenn wir in dieser Beziehung über unsere eigene Vergangenheit und Geschichte nachdenken, dann können wir daraus logische Schlußfolgerungen ziehen, die unser eigenes Leben und Schicksal tiefgreifend umgestalten können.
Zwischen der technischen, wissenschaftlichen und sozialen Wirklichkeit und dem Bildungswesen besteht auch heute noch eine breite Kluft. Sie zu überbrücken und die Erziehung den Gegebenheiten der Gegenwart anzupassen, ist eine der vordringlichsten Aufgaben.
Der Mensch ist eine Funktionseinheit. Eine lebensfeindliche und der Wirklichkeit widersprechende Mentalität ist nicht nur

eine Sache der Weltanschauung oder des Glaubens, sondern eine Sache, die sich am Körper, an der Gesundheit und an der Entfaltung des einzelnen wie an der Entfaltung der ganzen Gesellschaft ausdrückt.

Das Leben will einen glücklichen, gesunden, voll leistungsfähigen und entfaltungsfähigen Menschen. Ganz gleich, wie dessen Mentalität eingestellt ist, das Leben setzt sich durch. Ist die Mentalität entfaltungsfördernd, dann ist alles gut. Ist aber die Mentalität entfaltungsfeindlich, dann setzt sich das Leben über den einzelnen Menschen hinweg durch. Er wird funktionsgestört und krank. Und das bedeutet, daß er an der Entfaltung des Lebens nicht mehr voll und ganz beteiligt ist, sondern solange, bis er sich vielleicht doch noch auf die Zielorientierung seines eigenen Seins und Daseins besinnt, ausgeschaltet bleibt.

DIE EINHEIT

VON GEMÜT UND AUSDRUCK

Der Sinn und Zweck unserer Emotionen ist es, daß wir sie ausdrücken, denn nur durch den Ausdruck können sie ihr Ziel erreichen, Und das Ziel der Emotionen ist es ja, solche Lebensbedingungen herzustellen, aufrechtzuerhalten oder wiederherzustellen, die ein optimales Glückserleben ermöglichen. Glückserleben ist ja die Voraussetzung zur vollen Leistungsfähigkeit und damit zur Entfaltung. Die existentielle Einheit von Gemüt und Ausdruck wäre daher die ganz und gar natürliche Voraussetzung zu optimalem Glückserleben, zu optimaler Leistungsfähigkeit und damit zu optimaler Entfaltung.

Nun aber ist die Mentalität in vielen Fällen ein Faktor, der – durch eine negative, unzweckmäßige und lebensfeindliche Erziehung bedingt – diese natürliche Einheit von Gemüt und Ausdruck laufend verhindert und hemmt. Man hat es ja gelernt, seine Emotionen zu unterdrücken und zurückzuhalten. Man hat ja die Ansicht angenommen, daß man seine Gefühle, seine Stimmungen und seine wahre und echte Gemütslage anderen Menschen nicht zeigen dürfe. Und so entstanden Denkgewohnheiten, Gefühlsgewohnheiten, Strebensgewohnheiten und Verhaltensgewohnheiten, die der naturgewollten existentiellen Einheit von Gemüt und Ausdruck entgegenwirken. Man gibt sich anders als man ist, man drückt etwas anderes aus, als man fühlt und lebt dadurch in einem Widerstreit zwischen Gemüt und Ausdruck.

Dieser Widerstreit zwischen Gemüt und Ausdruck ist die Ursache der inneren Zerrissenheit und Uneinigkeit des modernen Menschen. Und damit die eigentliche Ursache für den dauernden Kampf mit sich selber und mit den Mitmenschen.

Wie wir schon früher gesehen haben, steuert das neuro-humorale System den ganzen Körper und seine Funktionen automatisch. Und zwar auf Grund von Emotionen. Wird eine Emotion bewußt, dann reagiert auch schon das neuro-humorale Steuersystem und der ganze Körper mit allen seinen unzähligen Funktionen stellt sich automatisch den Emotionen entsprechend ein. Auch das motorische Nervensystem stellt sich entsprechend den Bewegungsvorstellungen, die mit den Emotionen einhergehen, automatisch ein, und zwar in Richtung: Ausdruck der Emotion, die gerade bewußt ist. So ist der ganze Körper auf den Ausdruck einer jeden Emotion automatisch voll eingestellt. Der Ausdruck aber wird durch die Mentalität verhindert. Was ist die Folge?

Zunächst einmal ist die Folge der Ausdrucksverhinderung durch die Mentalität, daß die jeweilige Emotion ihr Ziel nicht erreicht und daß sich dadurch auch kein Glückserleben, keine volle Leistungsfähigkeit und keine Entfaltung einstellen kann. Dann aber ist die Folge, daß sich die der jeweiligen Emotion entsprechende Körpereinstellung nicht zurückstellen kann auf Normalfunktion und das löst Fehlfunktionen, Leeranpassungen, Gemütsstörungen, Gemütsstauungen, Drüsenstörungen, Nervosität, vegetative Dystonie und Krankheiten aus. Wenn sich eine Emotion nicht auf natürliche Art und Weise ausdrücken kann, dann drückt sie sich eben widernatürlich aus.

Der moderne Mensch ist ein höflicher Mensch, ein rücksichtsvoller Mensch und ein braver Mensch. Aber das alles bedeutet weiter nichts, als daß er seine Emotionen unterdrückt und zurückhält und sich dadurch in seiner Entfaltungsfähigkeit einschränkt und indirekt auch die Entfaltung des Lebens und der ganzen menschlichen Gesellschaft einschränkt. Man könnte das, was allgemein als Höflichkeit, Rücksichtnahme und Bravheit bezeichnet wird, auch offen als das bezeichnen, was es wirklich ist, nämlich: Unehrlichkeit, Unwahrhaftigkeit und Verlogenheit.

Sicher: es gibt ehrliche und wahrhaftige Höflichkeit und Rücksichtnahme, aber in der Praxis des modernen Alltags sieht das Ganze doch anders aus. Man ist einer Person gegenüber, die man nicht leiden und ausstehen kann, verlogen und scheinheilig höflich und zuvorkommend. Einer anderen Person gegenüber aber, zu der man tatsächlich Zuneigung empfindet, ist man gehemmt und drückt eine verlogene Gleichgültigkeit aus. Und so bewirkt die eigene negative Mentalität immer gerade den Ausdruck dessen, was im Gemüt gar nicht drin ist.

Man ist schön brav, wenngleich man das auch abstreiten mag. Aber es ist tatsächlich so. Wie wäre es sonst zu verstehen, daß man dauernd daran denkt: „Was würden die Leute denn sagen?". Ja – was würden die Leute nun wirklich sagen, wenn man sich über etwas lebhaft freut und diese Freude dann ebenso lebhaft ausdrückt? Und was würden die Leute sagen, wenn man ihnen einmal auch den eigenen Ärger, den eigenen Zorn und vielleicht auch die eigene Abneigung zu erkennen geben würde? Aber man verdrückt seinen Ärger lieber, frißt ihn hinunter und wundert sich dann, wenn sich nach einigen Monaten dieser Ärger in einem Magengeschwür ausdrückt. Man

schluckt seine Abneigung und seinen Widerwillen gegenüber dieser oder jener Person hinunter und staunt dann, wenn daraus eine Krankheit wird. Einfach deshalb eine Krankheit wird, weil der ganze innere Organismus auf diese Emotionen eingestellt bleibt, da sie ja nicht ausgedrückt werden und daher keine befreiende Gegenemotion entstehen kann, die dann die körperliche Einstellung wieder auf die normale Funktionsnorm zurückstellen könnte. Daß Emotionen, die nicht ausgedrückt, sondern hinuntergeschluckt und hineingefressen werden, körperliche Wirkungen auslösen, das weiß auch jeder und wer es nicht weiß, sollte einmal ein Buch über psychosomatische Medizin lesen oder seinen Arzt fragen. Er wird es dann ganz bestimmt nicht vergessen.
Aber die gesundheitlichen Schäden des Widerspruches und Widerstreites zwischen Gemüt und Ausdruck sind nicht die schlimmsten. Noch schlimmer sind die Entfaltungsmängel und die sich daraus ergebenden gesundheitlichen Rückwirkungen. Ein Magengeschwür kann wieder behoben werden. Entweder durch positive Emotionen, durch das Ausdrücken der gestauten und zurückgehaltenen Emotionen oder durch eine ärztliche Behandlung. Aber die durch eine negative Mentalität entstehende Verhinderung der Entfaltung kann zu viel schlimmeren Folgen führen. Zunächst einmal zu einer dauernden Unzufriedenheit und damit zu einer ungesunden und lebensverkürzenden Lebensweise. Und dann – wenn sie jahrzehntelang praktiziert wird – schließlich zu den gefürchteten Zellwucherungen, die wir als Krebserkrankungen kennen. Wenn sich nämlich der Mensch als Gesamtfunktionskomplex nicht entfalten kann, dann versuchen diese Entfaltung die Zellen alleine. Und das bedeutet dann eine hemmungslose

Entfaltung, also ein Wuchern der Zellen.
Das Leben ist die einzige wirkliche Macht auf dieser Erde. Und daher auch die stärkste Macht. Das Leben setzt sich durch. Ganz gleich, auf welche Art es sein Ziel erreicht, es erreicht sein Ziel IMMER und ÜBERALL. Ganz gleich auch, ob mit dem Einverständnis des einzelnen Menschen oder dagegen. Wer nicht in der Lage ist, mit der Zielorientierung des Lebens im Einklang zu leben, der kann auch dem Leben nicht mehr dienen. Und wer dem Leben nicht mehr dienen kann, den verläßt es eben.
Das Leben will einen glücklichen Menschen, einen voll leistungsfähigen Menschen und damit einen entfaltungsfähigen Menschen. Die Zielrichtung des Lebens ist also durchaus positiv. Aber für den einzelnen immer nur solange, wie er im Einklang mit dieser Zielorientierung lebt. Hier mögen sich nun bei manchen Menschen religiöse Bedenken anmelden, die nach Gott fragen. Und die zwischen Leben und Gott einen Unterschied sehen. Dazu hat ein bekannter Wissenschaftler einmal gesagt: „Wenn es einen gibt, dann kann dieser Gott immer und überall nur eines sein: DAS LEBEN SELBST!"
Der Mensch ist ein Lebewesen. Er ist damit das Produkt einer Entwicklung, die sich auf dieser Erde bereits über viele Millionen Jahre hinzieht. Der moderne Mensch ist zwar – nach seinen Möglichkeiten – die höchste Stufe der derzeitigen Entwicklung des irdischen Lebens. Aber in anderer Sicht gesehen ist er auch dasjenige Lebewesen, das seiner Lebensweise nach die Möglichkeit hat, die Entfaltung des irdischen Lebens am stärksten zu hemmen. Und wenn wir daran denken, welche Macht der Mensch durch den Besitz von Atom- und Wasserstoffbomben hat, ist er auch das Lebewesen, das vielleicht so-

gar die Macht hätte, alles irdische Lebens auszurotten. Sicherlich aber wäre auch in diesem Falle das Leben stärker als der Mensch. Und eines Tages würden neue Lebensformen und neue Lebewesen entstehen – vielleicht sogar nach Millionen von Jahren auch wieder der Mensch.

Im Einklang mit der Zielorientierung des Lebens zu sein, das bedeutet: 1. Volles Anteilnehmen am Erleben und Geschehen innerhalb der Wirklichkeit. 2. Existentielle Einheit von Gemüt und Ausdruck. 3. Seine eigene Zielorientierung bestmöglich der Zielorientierung des Lebens anzupassen. Die Folgen sind dann: optimales Glückserleben, optimale Leistungsfähigkeit und optimale Entfaltung innerhalb der natürlichen, persönlichen und sozialen Wirklichkeit.

MENTALITÄT UND LEBENSWEISE

Man spricht und schreibt heute viel über die ungesunde und unnatürliche Lebensweise des Menschen. Man schimpft über die Genußgifte wie Alkohol, Zigaretten und Tabletten. Und man glaubt, alle menschlichen Probleme dadurch lösen zu können, daß man die Ernährungs- und Lebensweise naturalisiert und die Genußgifte womöglich gesetzlich verbietet. Ob das aber auch stimmt? Und ob dann tatsächlich alle Probleme gelöst wären? Der Mensch ist eine Funktionseinheit. Alles das, was er tut, ist die logische Folge zweier Faktoren: 1. Zielorientierung des Lebens, 2. Mentalität des einzelnen. Oder anders ausgedrückt, die Folge der menschlichen Natur und die Folge dessen, was man durch die Erziehung daraus gemacht hat. Und so kann man die Mentalität als die eigentliche Ursache der Lebensweise des modernen Menschen ansehen. Eine Mentalität, die der Zielorientierung des Lebens und damit der eigenen Natur des Menschen entspricht, löst ganz automatisch, sozusagen als logische Folge, eine gesunde und natürliche Lebensweise aus. Aber eine Mentalität, die im Widerstreit und Widerspruch mit der Zielorientierung des Lebens steht, löst eine ungesunde und unnatürliche Lebensweise aus. Es ist eine alte Weisheit, daß jedes Gift sein Gegengift braucht. Negative Emotionen wie Ärger, Zorn, Wut und Haß erzeugen im Blut chemische Stoffe, die – sofern sie nicht wieder neutralisiert werden – als Gifte wirken. Man hat das auch wissenschaftlich bewiesen, indem man solche Stoffe Tieren einspritzte. Schon der Mundspeichel eines Menschen, der eine Zeit hindurch die Emotion der Wut erlebte, hat auf Tiere eine giftige Wirkung.

Diese Giftstoffe kompensiert der moderne Mensch mit Hilfe von Gegengiften die er aus den bekannten Genußmitteln zu sich nimmt. Zu jedem Genußmittel gehört eine ganz bestimmte Art von Mentalität. Man weiß heute, daß sich die Giftstoffe, die aus negativen Emotionen – soweit diese zurückgehalten, gestaut und nicht ausgedrückt werden – kommen, durch Nikotin zum Teil neutralisiert werden. Jeder Raucher weiß aus eigenen Erfahrungen, daß er sich im Falle eines heftigen Ärgers, eines Wutanfalles, eines Zornausbruches oder einer Haßemotion bald wieder beruhigt hat, wenn er seine Zigarette geraucht hat.

Irgendwie steht also der Gebrauch von Genußmitteln – auch wenn sie gesundheitsschädlich und daher lebensverkürzend sind – zur Zielorientierung des Lebens gar nicht einmal so sehr im Widerspruch, wie oft angenommen wird. Man braucht ja nur einmal einen Menschen, der unter einer negativen und lebensfeindlichen Mentalität leidet, eine Zeit lang sein Genußgift, z.B. das Rauchen von Zigaretten, zu verbieten. Die Folgen sind oft sehr negativ, denn nun zerstört nicht mehr der Tabakteer den Körper, sondern noch viel schneller und viel intensiver wird dieser nun durch diejenigen inneren Gifte zerstört, die sich durch negative Emotionen wie Ärger, Wut, Zorn und Haß im Körper selber bilden.

Auch der Alkohol hat seine ganz spezielle Wirkung auf eine ganz bestimmte Mentalität. Wer nämlich sozial gehemmt ist und daher an Kontaktmangel leidet, erlebt im Alkohol ein

Mittel, welches ihm ermöglicht, seine Emotionen besser und freier auszudrücken und dadurch einen besseren sozialen Kontakt zu finden. Der Alkohol löst nämlich die mentalen Ausdruckshemmungen für Emotionen. Und das wiederum hat – von der Zielorientierung des Lebens aus gesehen – positive Wirkungen.

Wer seine Emotionen dauernd zurückhält, unterdrückt und staut, schadet damit sowohl seiner Gesundheit wie seiner Leistungsfähigkeit, er kann sich aber auch nicht oder nur sehr mangelhaft entfalten. Und hier löst der Alkohol die gesamte Emotionalität und die Folge ist: Man kann sich auf einmal freier und ungehemmter ausdrücken. Personen mit einer negativen Emotionalität drücken auch diese unter Alkoholeinfluß aus. Und dies ist die Folge der vielen Streitigkeiten und Raufereien unter Alkoholeinfluß. Der Alkohol löst die gesamte Emotionalität. Der gehemmte Mensch, der im Grunde seines Wesens heiter und fröhlich sein möchte, aber diese Heiterkeit und diese Fröhlichkeit nicht ausdrücken kann, weil es seine negativen Reaktionssysteme des Zurückhaltens und Unterdrückens von Emotionen nicht erlauben, wird unter Alkoholeinfluß heiter und fröhlich, bis er dann infolge eines Übermaßes an Alkohol höchstens unter den Tisch rutscht.

Derjenige Mensch aber, der lebensfeindliche und gesellschaftsfeindliche Emotionen staut, wird unter Alkoholeinfluß aggressiv, streitsüchtig und handgreiflich. Er drückt auf diese Art und Weise eben seine negative Mentalität aus. Für ihn selber ist das vielleicht ganz gesund und auch positiv. Für die Gesellschaft aber ist es durchaus das Gegenteil.

Menschen mit Enfaltungshemmungen bekommen unter Alkoholeinfluß auf einmal Mut, Zuversicht, Selbstvertrauen und andere durchaus positive Emotionen. Nun aber hat der Alkohol auch seine Schattenseiten, indem er die Reaktionszeit verlängert und damit natürliche Schutzmechanismen verzögert und dämpft. Solche Menschen bekommen dann auf einmal den Mut, mit ihrem Wagen Geschwindigkeiten zu fahren, die sie sich bei voller Nüchternheit nie zutrauen würden. Die Folgen kann man täglich in den Zeitungen lesen: Verkehrsunfälle über Verkehrsunfälle unter Alkoholeinfluß.

Trotz aller dieser negativen Einflüsse des Alkohols – er hat schließlich auch noch gesundheitlich negative Wirkungen – aber kann man ihn als ein Notventil für emotional und sozial Gehemmte betrachten. Und in dieser Richtung hat er in der Zielorientierung des Lebens überall dort seinen Sinn und Zweck, wo emotionale und soziale Hemmungen vorliegen.

Menschen, die dauernd in einer inneren Traum- und Phantasiewelt leben, fühlen sich oft müde, matt und energielos. Dies kommt daher, weil ihr Wachsamkeitszentrum durch die Sinnesorgane wenige elektrische Impulse bekommt und dadurch wenig Energie speichern kann. Solche Menschen fühlen sich zum harmlosen Kaffee hingezogen, zu weniger harmlosen Wachhaltetabletten und schließlich zu den süchtigmachenden Weckaminen und anderen rezeptpflichtigen Aufputschungsmitteln.

Solche Menschen aber fühlen sich auch zu scharfen Gewürzen, scharfen Getränken, zu lauten Sinnesreizen (laute Musik) und zu spannenden Filmen und Fernsehstücken hingezogen. Auf diese Art und Weise kompensieren sie ihre geringe Wachsamkeit und bewegen sich mehr oder weniger doch noch in der natürlichen Zielorientierung des Lebens.

So ist die persönliche Lebensweise – gesund oder ungesund –

die logische Folge der jeweiligen Mentalität. Eine schädliche Lebensweise kann daher auch nur durch eine grundlegende Änderung der ganzen Mentalität wirksam angegangen werden.

DER MENSCH

IST EINE MENTAL-SOMATISCHE

FUNKTIONSEINHEIT

Es ist heute allgemein üblich, den Menschen als ein dreigeteiltes Wesen zu betrachten. Man spricht von einem menschlichen Körper (Soma), von einer menschlichen Seele (Psyche) und von einem menschlichen Geist, wobei man nicht recht weiß, was man sich eigentlich unter dem, was man den Geist nennt, vorstellen soll. Dieses dreigeteilte Menschenbild ist aber in der Praxis recht verworren und auch durchaus unklar. Denkt man über die einzelnen Teile nach, dann verliert man das Ganze aus dem Auge. Die einzelnen Teile sind ja in jedem Falle weniger als das Ganze. Und das Ganze in seinem Zusammenwirken und in seinen Möglichkeiten ist auch weit mehr als die Summe der Einzelteile.

Körperliche Funktionen beschränken sich nicht nur auf den, wie man früher sagte, materiellen Körper, sondern umfassen auch die vielfältigsten Steuerungs- und Regelungssysteme. Und diese sind gleichzeitig materiell durch chemische Wirkstoffe (Hormone usw.), energetisch durch elektrische Wirkungen und informatorisch durch Programmierungen und Zielorientierungen wirksam. Jeder einzelne materielle und körperliche Vorgang im Menschen ist also gleichzeitig auch ein unmaterieller Vorgang. Und jeder rein informative und programmatische Vorgang ist zugleich in seinen Auswirkungen körperlich, also materiell und energetisch. Die Dreiteilung des Menschen: Körper, Seele und Geist, hat also praktisch keinerlei Wert. Im Gegenteil sogar. Gerade diese Aufteilung des Ganzen in Einzelteile verdeckt das Gesamtbild und verhindert dadurch mehr oder weniger jede echte Selbsterkenntnis und damit die Erkenntnis vom eigentlichen und lebendigen Menschen.

Die besagte Dreiteilung hat ihren Ursprung teilweise in religiösen Vorstellungen und teilweise in der geschichtlichen Entwicklung der Wissenschaften vom Menschen. Heute beginnt man, diese Dreiteilung fallen zu lassen und beginnt gleichzeitig, den Menschen immer mehr und umfangreicher als das anzusehen, was er tatsächlich ist: eine mental-somatische Funktionseinheit. Und das bedeutet, daß man den Menschen in seinen Erscheinungs- und Wirkungsformen als den körperlichen (somatischen) Ausdruck seiner Mentalität betrachtet.

Den Menschen als eine mental-somatische Funktionseinheit zu betrachten, bedeutet aber nicht, ihn nun in somatische und mentale Einzelteile zu zerlegen. Es bedeutet lediglich, den Menschen tatsächlich als ein GANZES zu sehen, als eine EINHEIT, als eine Funktionseinheit, deren einzelne Teile dabei nur von geringer und theoretischer Bedeutung sind.

Wollen wir nun die mental-somatische Funktionseinheit des Menschen von verschiedenen Seiten aus betrachten. Denkgewohnheiten (mentale Einstellungen) lösen automatisch die dazugehörenden Emotionen aus, sobald sie bei dieser oder jener echten oder phantasierten Situation wirksam werden. Diese Emotionen lösen über das neuro-humorale Steuerungssystem – wiederum automatisch – die ihnen entsprechenden und zu ihrem Ausdruck und ihrer Verwirklichung nötigen körperlichen Organ- und Funktionseinstellungen aus. Der jeweilige Funktionszustand des ganzen Körpers ist also immer die logische Folge von wirksam gewordenen mentalen Einstellungen.

Hat ein Mensch eine vorwiegend negative, gesellschaftsfeindliche und damit lebensfeindliche Mentalität, dann werden als zwangsmäßige Reaktion darauf negative und ungesunde Emotionen ausgelöst. Und diese negativen Emotionen lösen zwangsmäßig im Körper negative und gesundheitsschädliche Wirkungen aus. Der Körper mit allem was dazugehört, drückt daher immer die vorwiegend wirksame Mentalität aus. Die Haut des Menschen, ob glatt oder faltig, ob frisch oder welk; der Gesichtsausdruck, ob gelöst oder verkrampft, anziehend oder abstoßend; die Bewegungsart, ob normal oder unnormal, ob gelöst und anmutig oder verspannt und unnatürlich; die Gesten, die Sprechweise wie überhaupt der Gesamtausdruck des Menschen, entspricht immer und überall seinen vorherrschenden Emotionen und damit seiner vorwiegend wirksamen Mentalität.

Daher ist auch die persönliche und soziale Wirkung eines jeden Menschen die logische Folge seiner geistigen Einstellung, seiner Mentalität.

Der positive Mensch, der überwiegend lebensfördernde und in Richtung auf die optimale Gesamtentfaltung der Gesellschaft und des Lebens gerichtete Emotionen hat, zeigt auch immer einen positiven, einen angenehmen und einen gesunden Gesamtausdruck. Seine Gesichtszüge sind gelöst und gelassen, seine Haut ist frisch und gesund, seine Bewegungen sind harmonisch und der jeweiligen Wirklichkeit entsprechend, seine Stimme ist klar und wohlklingend und er macht auf seine Umwelt einen positiven, gesunden, harmonischen, überzeugenden und lebendigen Eindruck. Der Ausdruck des Menschen und damit als logische Folge auch der Eindruck, den er bei anderen Menschen macht, ist immer von der vorwiegenden Mentalität abhängig, die er als programmatisch-kybernetische Funktion in sich wirken hat. Die Tatsache also, ob ein Mensch von seinen Mitmenschen anerkannt oder abgelehnt wird, ob er sympathisch oder unsympathisch wirkt, beeinflussend oder enttäuschend, erfolgreich oder erfolglos, ist immer von seiner Mentalität abhängig.

Und daraus ergibt sich schließlich auch die Entscheidung, ob er entfaltungsfähig oder entfaltungsgehemmt ist und dies wiederum zeigt sich dann praktisch am Erfolg oder Mißerfolg, an Wohlstand und Fülle oder Armut und Mangel. So gestaltet sich das ganze Schicksal des Menschen als logische Folge seiner geistigen Einsteilung, seiner Mentalität.

Die Mentalität bestimmt auch, ob ein Mensch jünger oder älter aussieht als er in Wirklichkeit ist; ob er müde, abgespannt und verbraucht ist oder aber aktiv, gesund und leistungsfähig. Die Mentalität, also die Summe der im Menschen wirkenden Denkgewohnheiten, Gefühlsgewohnheiten, Strebensgewohnheiten und Verhaltensgewohnheiten, bestimmt auch den Grad der Muskelspannungen und den Grad der Ansprechbarkeit der Muskeln. Das, was wir als Temperament bezeichnen, gehört hierher. Negative Emotionen erzeugen innerhalb des Gesamtmuskelapparates Verkrampfungen, Verspannungen und Verhärtungen. Und diese stören das Wohlbefinden, die Leistungsfähigkeit und die Entfaltungsfähigkeit. Nur wer über eine Mentalität verfügt, die auf die Entfaltung aller Menschen gerichtet ist, kann glücklich, heiter, gelöst, gelassen, aber auch im positiven Sinne temperamentvoll sein, wogegen der unter einer negativen Mentalität leidende Mensch ein träges oder störrisches Temperament hat.

Eigentlich hängt alles im Leben des Menschen von seiner Mentalität ab. Und alles, was der einzelne leisten und schaffen kann, ist irgendwie der Ausdruck mentaler Faktoren. Körperliche Leistungen, Arbeitsleistungen wie Sportleistungen; geistige Leistungen, intellektuelle wie schöpferische und auch künstlerische Leistungen, alles das hängt von der jeweils vorherrschenden Mentalität ab. Eine überwiegend negative Mentalität bedeutet Leistungsunfähigkeit. Eine überwiegend positive Mentalität bedeutet Leistungsfähigkeit. Und da sich aus der Leistungsunfähigkeit, ganz gleich ob körperlich, geistig oder beides zusammen, der Erfolg und das Schicksal bestimmt, ist eigentlich der ganze Lebensgang, der ganze Lebensweg des Menschen von seiner Mentalität bestimmt. Wer daher die Mentalität eines Menschen kennt, kann seinen Lebensweg weitgehend voraussagen.

Aus der Kenntnis der Mentalität ergeben sich zwei der bedeutendsten Eigenschaften des erfolgreichen Menschen: Selbsterkenntnis und Menschenkenntnis. Da sich die Mentalität immer am Körper ausdrückt, braucht man sich nur vorstellungsmäßig in den Gesamtausdruck eines Menschen hineinfühlen, als hätte man selber eben diese Gesamtausdrucksweise, und schon fühlt man innerlich die gerade vorherrschende mentale Einstellung des Betreffenden. Versuchen Sie es einmal. Beobachten Sie den Gesamtausdruck eines Menschen und stellen Sie sich lebhaft vor, Sie selber hätten diese Ausdrucksweise. Schon in wenigen Sekunden fühlen Sie die, eben zu dieser Ausdrucksweise gehörende, geistige Einstellung. Und daraus können Sie dann Rückschlüsse auf die Wesensart wie auch auf die Reaktionsweise des betreffenden Menschen ziehen, die meist durchaus zutreffend sind.

Ein sehr wesentlicher Faktor innerhalb der mental-somatischen Funktionseinheit des Menschen ist der Grad des normalen Lebensgefühls, das sich aus dem Grad des Bewußtwerdens von Körper- und Bewegungssinn ergibt. Menschen mit einer überwiegend negativen Mentalität haben dieses normale Lebensgefühl oft weitgehend oder ganz verloren. Sie verfügen nur noch über einen Teil ihres Bewußtseins, nämlich über den, der nach innen auf eine unwirkliche und lebensfeindliche Traumwelt gerichtet ist. Ihre Umgebung nehmen sie meist nur noch teilweise wahr und das eigentliche Lebensgefühl, das Körpergefühl und Bewegungsgefühl ist ihnen ganz oder zum größten Teil verlorengegangen.

Nun hat aber gerade das Lebensgefühl also der bewußt werdende Körper- und Bewegungssinn, eine ganz besonders starke, auf das Wachsamkeitszentrum, auf das Glückszentrum und damit auf die Entfaltungsfähigkeit gerichtete, aktivierende Wirkung. Je mehr sich ein Mensch als lebendiges SEIN wahrnimmt, je mehr er also sich selber seines Körper- und Bewegungssinnes bewußt wird, um so glücklicher, wacher, aktiver, leistungsfähiger und entfaltungsfähiger ist er. Hier liegt auch das Geheimnis dessen, daß alle übenden Verfahren, wie aktive Sportbetätigung, Gymnastik, Entspannungsübungen, Atemübungen, Yogaübungen, Tai-Chi-Übungen, Judo usw. eine so stark belebende, aktivierende, beglückende und entfaltungsfördernde Wirkung haben. Alle diese übenden Verfahren bringen ja das normale Lebensgefühl, also die Summe aus Körper- und Bewegungssinneswahrnehmungen voll zu Bewußtsein.

Die Überlebensmöglichkeit eines jeden Menschen ist von seinem Bewußtseinsgrad abhängig. Und dieser Bewußtseinsgrad ergibt sich aus der bewußten Wahrnehmung der Wirklichkeit. Dabei spielt der Körpersinn und der Bewegungssinn eigentlich die entscheidendste Rolle. Absinken des Bewußtseinsgrades geht immer einher mit einem Verlust des natürlichen Lebens- und Daseinsgefühls. Die Folgen sind: Nachlassen der Lebenskraft, der Leistungsfähigkeit, der Widerstandskraft, der Genesungs- und Regenerationsfähigkeit und damit ein Absinken des gesamten Gesundheitszustandes in Richtung auf den körperlichen Tod. Je mehr daher das lebendige Gefühl für den Körper, für die Bewegungen und für den Ausdruck verlorengeht, um so geringer ist die jeweils vorhandene Überlebensmöglichkeit.

Das Leben will einen ganzen Menschen mit einem vollen Bewußtsein und einer vollen Leistungsfähigkeit. Das Leben will den glücklichen, vollwachen, vollbewußten und voll entfaltungs- und lebensfähigen Menschen. Nicht aber den Menschen, dessen Bewußtsein und Lebensgefühl nur noch auf eine eng begrenzte Innenwelt der unwirklichen, lebensfeindlichen und entfaltungshemmenden Tagträume und Grübeleien gerichtet ist. Und der daher praktisch an seiner eigenen Entfaltung, an der Entfaltung seiner Familie und an der Entfaltung der ganzen menschlichen Gesellschaft gar nicht mehr Anteil nehmen kann, weil er ja auf diese Entfaltung infolge seiner unwirklichen Mentalität auch gar keinen Einfluß und keine praktische Wirkung mehr ausüben kann. An solchen Menschen

verliert das Leben das Interesse und die Folge ist: ein früher Tod infolge eines Lebens, das im Widerspruch mit der natürlichen Zielorientierung des Menschen stand.
Einen besonders entscheidenden und weitreichenden Einfluß hat die Mentalität des einzelnen auf die sozialen Wechselwirkungen zwischen den Menschen. Nahezu alle sozialen Konflikte und Probleme sind irgendwie auf die Mentalität der einzelnen Menschen zurückzuführen, kommen also eigentlich aus den Denkgewohnheiten, Gefühlsgewohnheiten, Strebensgewohnheiten und Verhaltensgewohnheiten der einzelnen.
Man kann in dieser Richtung grundlegend zwischen drei verschiedenen Mentalitäten unterscheiden: 1. Isolierung gegenüber anderen Menschen und gegenüber der Gesellschaft. Damit geht meist automatisch ein unwirkliches Leben in einer inneren Traum- und Phantasiewelt einher. Solche Personen sind an den Problemen ihrer Mitmenschen und an den sozialen Problemen der Gesellschaft nicht interessiert. Sie tun so, als gehe sie das alles gar nichts an. 2. Feindschaft gegenüber der Gesellschaft, gegenüber einer größeren Zahl von Einzelpersonen oder gegenüber Personen- und Gesellschaftsgruppen. Es sind dies, neben den Kriminellen und Geisteskranken, besonders diejenigen Personen, die man wohl als normal bezeichnen kann, die aber in einer Innenwelt des Hassens gegenüber anderen Menschen, gegenüber Andersdenkenden, gegenüber anderen Rassen, Religionen oder Weltanschauungen leben. 3. Aktive Anteilnahme und aktives Mitwirken am Leben der Gesellschaft und Förderung der Gesamtentfaltung im Sinne der Zielorientierung des Lebens.
Es gibt zwar neben diesen Mentalitätsrichtungen noch viele verschiedene Zwischenstufen,.aber wollen wir nur diese drei

Grundstufen nun eingehender betrachten.
Wer sich von seinen Mitmenschen und von der Gesellschaft isoliert, tut dies bestimmt nicht aus Schlechtigkeit oder Bösartigkeit. Er tut es ganz automatisch aus seiner hemmungsauslösenden Mentalität heraus, die er als Kind oder Jugendlicher einmal erlernt und erworben hat. Solche gehemmte Personen können durch ein systematisches Neulernen sozial orientierter Reaktionssysteme wieder zu vollwertigen und am sozialen Leben aktiv anteilnehmenden Mitgliedern der Gesellschaft werden. Sie brauchen nur mittels emotionaler Ausdrucksübungen zu lernen, daß sie sich innerhalb der Gesellschaft viel glücklicher, freier, selbstsicherer und entfaltungsfähiger fühlen, als in ihrer eigenen Innenwelt der Isolierung und der damit verbundenen unglücklichmachenden und entfaltungshemmenden Einsamkeit.
Der sozial isolierte Mensch hat irgendwann einmal – meist schon in der frühen Kindheit – Hemmungen und hemmende Reaktionssysteme erworben. Und diese hindern ihn laufend daran, daß er wie andere Menschen frei, ungehemmt und selbstsicher am Leben seiner sozialen Umwelt teilnimmt. Reaktionssysteme laufen ja unterbewußt-automatisch ab und sind daher nicht dem bewußten Wollen unterstellt. Zu solchen Hemmungen und hemmenden Reaktionssystemen gehören besonders: Unsicherheitsgefühle, Verlegenheitsgefühle, Minderwertigkeitsgefühle, Erröten, Angstgefühle vor ganz bestimmten Personen und Personengruppen, Sprechangst, Kontaktmangel und alle die anderen Erscheinungsformen sog. „seelischer“ Hemmungen. Der sozial gehemmte Mensch erfüllt seiner Familie und der Gesellschaft gegenüber seine alltäglichen Pflichten. Er kann daher auch nicht zu den Kranken

gezählt werden, obwohl er unter seinen Hemmungen stark leidet und darüber oft geradezu verzweifelt ist. Er versucht daher auch alles, um von diesen Hemmungen loszukommen und sie zu beseitigen.

Dabei aber geht er meist den falschen Weg. Er will seine Hemmungen durch ein bewußtes Nichtwollen beseitigen und bewirkt gerade deshalb eine laufende Verstärkung derselben. Hemmungen sind nun einmal Reaktionssysteme und daher nicht dem bewußten Wollen unterworfen. Wer Hemmungen und Hemmungserscheinungen wie Erröten usw. durch seinen bewußten „Willen" beseitigen will, wird immer das genaue Gegenteil erreichen. Er wird um so stärker erröten, je mehr er nicht erröten will. So ist es mit allen Hemmungen und Hemmungserscheinungen. Je mehr man nicht gehemmt sein will, um so stärker ist man in der Tat gehemmt.

Die eigentliche Ursache sozialer Hemmungen ist die in der Kindheit oder Jugend erworbene Gewohnheit des Zurückhaltens und Verbergens von Emotionen aller Art. Es werden also ganz gewohnheitsmäßig die echten und wahren Gefühle, Stimmungen und Gemütsbewegungen unterdrückt und nicht ausgedrückt, wie es sich von Natur aus gehören würde. Und dadurch entstehen mit der Zeit die als Emotionsstauungen bekannten Hemmungen und Hemmungserscheinungen. Werden nun bei solchen sozial gehemmten Personen systematische Übungen durchgeführt, die einen freien Ausdruck von Emotionen zum Inhalt haben, dann werden alle Hemmungen immer schwächer und treten immer seltener auf, bis sie schließlich im Laufe mehrerer Übungswochen restlos verschwinden. Gleichzeitig entfalten sich positive Eigenschaften und Fähigkeiten, wie Selbstvertrauen, Selbstsicherheit, Ausdrucksgewandtheit, Kontaktfreudigkeit und damit steigert sich automatisch das Glückserleben und die Entfaltungsfähigkeit.

Soziale Hemmungen sind nicht nur unangenehm und niederdrückend. Sie sind auch ungesund, weil sie laufend negative Emotionen mit allen ihren negativen Folgen auslösen. Ferner auch deshalb, weil sich durch das gewohnheitsmäßige Zurückhalten der Emotionen diese schließlich in den Schaltstellen des Gehirns, besonders in den Neuronen der am Ausdruck von Emotionen beteiligten Muskeln, stauen. Und solche gestaute Emotionen haben die vielfältigsten körperlichen Wirkungen. Die Beseitigung sozialer Hemmungen ist daher auch nicht nur eine Erleichterung und Entfaltungsförderung, sondern immer auch eine wesentliche Verbesserung des Gesamtgesundheitszustandes. Es wurden bei der systematischen Beseitigung sozialer Hemmungen schon in vielen Fällen Heilungen auch bei solchen Leiden und Krankheiten beobachtet, die mit den Hemmungen scheinbar keinerlei Zusammenhang hatten.

Daß eine systematische und emotionale Enthemmung viele Vorteile hat, ist klar, wenn man die damit verbundene wesentliche Steigerung der gesamten Entfaltungsfähigkeit berücksichtigt, die sich durch das Verschwinden der Hemmungen einstellt. Die Beseitigung sozialer Hemmungen wird daher auch immer als eine ganz wesentliche Zunahme von Glückserleben, Leistungsfähigkeit und Entfaltungsfähigkeit erlebt.

Kommen wir nun zu denjenigen Personen, die in Feindschaft mit der Gesellschaft leben. Hier ist der Hauptfaktor das laufende Entstehen negativer, gesellschaftsfeindlicher und damit lebensfeindlicher Emotionen. Eine Mentalität, die mit der Gesellschaft in Feindschaft steht, löst dauernd negative Gedanken aus und diese wiederum lösen negative Emotionen aus, die dann auf den ganzen Körper mit allen seinen Funktionen gesundheitsschädliche und selbstvergiftende Wirkungen auslösen. Die gesundheitlichen Wirkungen einer solchen gesellschaftsfeindlichen Mentalität sind daher besonders heftig, intensiv und krankheitsauslösend.

Es gibt viele Krankheiten, die sich auf eine gesellschafts- und mitmenschenfeindliche Mentalität als logische Folge einstellen. Dazu kommt noch, daß eine gesellschaftsfeindliche Einstellung auch immer die eigentliche Ursache einer mehr oder weniger ausgeprägten Asozialität und Kriminalität ist. Besonders dann, wenn die gesellschaftsfeindliche Haltung schon seit frühester Jugend wirksam ist. Dann besteht immer die ernsthafte Gefahr, daß der Betreffende einmal in einer Strafanstalt landet und ihm daher seine soziale Entfaltungsfreiheit für eine kürzere oder längere Zeitspanne entzogen wird. Wieweit dies dann einen Nutzen oder Schaden für den Betreffenden, von der Sicht seines Lebens aus gesehen, darstellt, wird dadurch bestimmt, ob er sich während des Entzuges seiner sozialen Entfaltungsfreiheit zur natürlichen Zielorientierung des Menschen durchringen kann oder nicht.

Der asoziale und kriminelle Mensch wird allgemein als schlecht und bösartig bezeichnet. Sicher sind seine Gedanken und Emotionen schlecht und oft auch bösartig. Aber die eigentliche Ursache oder Schuld liegt meist nicht bei ihm selber, sondern bei seinen Erziehern, bei seiner Umwelt und manchmal auch beim ganzen Erziehungssystem, unter dem er aufwuchs. Dies wissen auch die Gerichte und die Richter. Und deshalb sind auch die heutigen Strafen viel geringer als früher und die modernen Strafanstalten sind keine Bestrafungseinrichtungen mehr, sondern werden immer ausgeprägter zu Umerziehungseinrichtungen und Resozialisierungsanstalten. Eine tatsächliche Bestrafung eines asozialen oder kriminellen Menschen würde in jedem Falle eine weitere Vertiefung und Ausprägung seiner gesellschaftsfeindlichen Mentalität und damit eine Steigerung der Gefahr für die Gesellschaft bedeuten. Das Anzustrebende wäre, daß solche Menschen – die ja eigentlich in gewisser Hinsicht zu bedauern sind – durch eine systematische Neuprogrammierung ihrer Mentalität wieder zu glücklichen, gesunden und voll entfaltungsfähigen Mitgliedern der menschlichen Gesellschaft gemacht würden.

Es ist eine altbekannte Tatsache, daß ein glücklicher, gesunder und voll entfaltungsfähiger Mensch nie zum Asozialen oder Verbrecher wird, wenn man ihn nicht gerade dazu zwingt. Der Mensch ist nicht von Grund auf schlecht und böse, wie das auch heute noch viele Menschen annehmen. Er ist auch kein geborener Sünder. Der Mensch ist vielmehr ein Lebewesen, das von Natur aus in Richtung auf die optimale Entfaltung der ganzen Menschheit zielorientiert ist. Wenn allerdings Erziehungsfaktoren die Verwirklichung dieser Zielorientierung durch die Prägung einer gesellschafts- und lebensfeindlichen Mentalität verhindern, dann ist nicht der einzelne Mensch, sondern das ganze Erziehungs-, Religions- und Weltanschauungssystem schuldig.

Der Mensch ist beeinflußbar. Wenn man ihm von Kindheit auf immer und immer wieder erzählt, daß er ein erbärmlicher Sünder sei, dann hat das seine Wirkungen. Und schließlich fühlt er sich tatsächlich selber als ein Sünder und als ein schlechter und unwürdiger Mensch. Die Folge davon ist, daß er dann eben diejenigen zur Verzeihung und Abreaktion seiner eingebildeten Sündhaftigkeit benötigt, die sie ihm vorher einsuggeriert haben. Die systematische Erziehung des Menschen zum armen Sünder mag noch vor über hundert Jahren und im Mittelalter für die herrschende Obrigkeit zweckmäßig gewesen sein. Heute aber ist es zum fragwürdigen und gefährlichen Spiel mit dem Menschen und mit dem Leben geworden. Heute weiß man mit Sicherheit, daß derjenige Mensch, der sich als erbärmlicher Sünder fühlt, aus dieser daraus entstehenden Mentalität auch gesundheitliche Schäden zu erwarten hat. Und den Menschen in Konflikte zu stürzen, die seiner Gesundheit schaden und sein Leben verkürzen, ist das etwa mehr als ein gefährliches Spiel?

Eine menschenfeindliche, gesellschaftsfeindliche und lebensfeindliche Einstellung ist nicht nur die Ursache für alles Schlechte, was auf Erden geschieht, also nicht nur die Ursache für Asozialität und Verbrechen. Sie ist auch die Ursache vieler Gesundheitsstörungen und ernsthafter Krankheiten.

Negative Gedanken lösen negative Emotionen aus und negative Emotionen lösen im Körper Fehlanpassungen, Fehleinstellungen, Funktionsstörungen, Geschwüre und viele andere Krankheiten aus. Besonders die Emotionen: Ärger, Wut, Zorn und Haß sind es, die den ganzen Körper bis in jede einzelne Zelle hinein systematisch vergiften, die Widerstandskraft und die Heilungsfähigkeit schwächen und den ganzen Menschen zerstören. Jede Emotion löst ja im Körper energetische und chemische Reaktionen aus, die gerade der betreffenden Emotion entsprechen und auf die der ganze Mensch dann entsprechend reagiert. Emotionen verändern die Magensaftzusammensetzung, die Blutzusammensetzung und die Funktionsweise eines jeden einzelnen Organs. Daher sind negative, gesellschafts- und lebensfeindliche Emotionen nicht etwa nur Gefühle oder Gefühlsfaktoren, sondern durchaus ernst zu nehmende Krankheitserreger.

Betrachten wir nun noch diejenigen Menschen, die am Leben und an der Entfaltung der menschlichen Gesellschaft vollen Anteil nehmen und die an der Entfaltung des Lebens aktiv mitwirken. Der Mensch ist ein Gemeinschaftswesen. Ein einzelner Mensch alleine – ganz auf sich eingestellt – ist heute praktisch nicht mehr lebensfähig. Alle Menschen sind innerhalb der menschlichen Gesellschaft gleichermaßen wichtig und wertvoll. Vital-kybernetisch betrachtet, ist jeder einzelne Mensch eine einzige Zelle innerhalb der ganzen Gesellschaft und hat von Natur aus seine ganz spezifische Aufgabe bei der Entfaltung der ganzen Gesellschaft zu erfüllen.

Diese Betrachtungsweise aber soll keinesfalls an das Wort: Pflicht, erinnern. Als eine Pflicht stellt man sich meist etwas vor, das unangenehm und unlustbetont ist. Das Leben aber kennt keinen solchen Begriff. Das Leben will nur den glücklichen und voll leistungsfähigen Menschen, dem alles leicht gelingt und dem alles – auch das Schwerste – Lust und Freude macht. Der glückliche, voll leistungsfähige und voll entfaltungsfähige Mensch denkt gar nicht an diese oder jene Pflicht. Er tut einfach ganz von selber das, was richtig, gut und lebensfördernd ist. Und er tut es ganz automatisch, weil es ihm Freude macht, weil er dabei Lust empfindet und weil er sich auf diese Art und Weise innerhalb seiner natürlichen, persönlichen und sozialen Wirklichkeit, sich und andere beglückend, frei entfalten kann.

Moralprediger reden immer von Pflicht, Selbstüberwindung, Aufopferung für dieses oder jenes und von Aufgaben und Forderungen, die angeblich das Leben an den Menschen stellt. Dies alles aber hat mit dem echten Leben nichts zu tun. Der Mensch wird nicht deshalb glücklich, weil er sich zwingt, seine Pflicht zu tun oder Gutes zu tun. Er tut vielmehr Gutes ganz von selber, wenn er glücklich ist und weil es ihm Lust und Freude macht, Gutes zu tun.

Der glückliche Mensch kann eigentlich nur Gutes tun, denn wenn er etwas anderes wollte, würde er schnell im Widerspruch mit der Zielorientierung einer jeden seiner Körperzellen sein und das Ergebnis wäre, daß sein Glückserleben verschwände und er dafür negative Emotionen erleben müßte. Der glückliche Mensch denkt bei seinem Tun und Lassen gar nicht daran, ob es seine Pflicht ist oder nicht. Er vollbringt dafür echte Leistungen, er bietet echten Nutzen und er schafft echte Werte für die menschliche Gesellschaft, ganz einfach deshalb, weil es ihm Lust und Freude macht und weil es ihn beglückt, sich im Sinne und Interesse der ganzen Gesellschaft zu entfalten.

Der Mensch ist eine mental-somatische Funktionseinheit. Alles in ihm arbeitet harmonisch und einwandfrei zusammen, solange er im Einklang mit der Zielorientierung des Lebens ist. Und ebenso arbeitet alles in ihm disharmonisch, gestört, gehemmt und widernatürlich, wenn er im Widerspruch zu seiner Zielorientierung steht,

Der Mensch ist eine Einheit. Sein Wahrnehmen und seine Wirklichkeit sind eine Einheit. Sein Gemüt und sein Ausdruck sind eine Einheit. Sein Streben und sein Tun sind eine Einheit. Und sein Körper und seine Mentalität sind eine Einheit. Aber nur dann, wenn er frei geworden ist von erziehungsbedingten Hemmungen, Fehleinstellungen und negativen Denk-, Gefühls-, Strebens- und Verhaltensgewohnheiten. Und nur dann, wenn er sich glücklich fühlt, wenn er sowohl körperlich wie geistig voll leistungsfähig ist und wenn er sich dadurch innerhalb seiner natürlichen, persönlichen und sozialen Wirklichkeit frei und beglückend entfalten kann. Der Mensch ist mit allen seinen unzähligen Steuerungs- und Regelungssystemen eine mental-somatische Funktionseinheit, die nach einer optimalen Funktion und damit nach Glückserleben und Entfaltung strebt.

II. TEIL

LEHREN UND THEORIEN

SIND NUR WEGWEISER –

DAS LEBEN SELBER IST DER WEG

Den Menschen zu belehren, ist eine Sache; ihn zu ändern, aber eine andere. Es gibt Leute, die in Belehrungen, in Erklärungen und in theoretischen Erkenntnissen der Weisheit letzten Schluß suchen. Leute, die der ernsthaften Meinung sind, sie bräuchten nur zu wissen, zu erkennen und zu verstehen, worauf es ankommt. Und die glauben, daß ihnen dann alles weitere ganz von selber zufallen wird. Dabei aber ist es so, daß Lehren und Theorien immer nur Hilfsmittel sind. Wegweiser, die einem helfen, den richtigen Weg zu finden. Weiter nichts. Sicher – Lehren und Theorien sind oft ganz interessant und manches davon mag sogar begeistern. Aber ohne die praktische Nutzanwendung ist jede Lehre und jede Theorie weiter nichts als eine intellektuelle Spielerei.

Wer hinter Lehren, Theorien, Erklärungen und Erkenntnissen das letzte Geheimnis des Lebens sucht, ist auf einem Irrweg. Der Mensch wird ja nicht von Lehren, Theorien, Erklärungen und Erkenntnissen gesteuert, sondern immer und überall von Wahrnehmungen, Erfahrungen, Erlebnissen und Emotionen. Daher haben Belehrungen und Erkenntnisse praktisch nur eine ganz geringe Wirkung auf das tatsächliche Leben und Geschehen des Menschen. Lehren, Theorien, Erklärungen und Erkenntnisse können immer nur die Wirkung eines Wegweisers haben.

Sie haben aber mit dem Weg selber nichts zu tun. Wegweiser und Weg, das sind zwei grundverschiedene Dinge. Ein Wegweiser kann nur den Weg zeigen, die Richtung angeben und vielleicht noch Hinweise darüber geben, wie weit es bis zu einem Ziel ist. Der Weg selber aber muß gegangen werden und schon nach wenigen Schritten hat man den Wegweiser hinter sich gelassen. Sich an Lehren, Theorien, Erklärungen und Erkenntnissen festzuklammern bedeutet, daß man sich am Wegweiser festhält und dabei vergißt, den Weg tatsächlich zu gehen.

Diese Betrachtungen mögen für solche Menschen, die Zeit ihres bisherigen Lebens einzig und alleine nach den letzten Geheimnissen des Lebens gesucht haben und die der Meinung sind, diese wären hinter Lehren, Theorien, Erklärungen und Erkenntnissen zu finden, eine gewisse Denkschwierigkeit darstellen. Aber in der Tat: Lehren, Theorien, Erklärungen und Erkenntnisse können immer NUR WEGWEISER sein. Der Weg selber aber besteht aus Geschehnissen und Erlebnissen. Wenn man von einem letzten Geheimnis des Lebens überhaupt sprechen kann, dann nur so, daß man es im Geschehen, Erleben, Erfahren und im GEHEN DES WEGES als die eigentliche Wirklichkeit des Lebens finden und SELBER ERLEBEN kann. Das tatsächliche Gehen eines Weges hat immer zwei Seiten: 1. Eine aktive Seite, die darin besteht, daß man einen gewählten Weg tatsächlich geht; 2. Eine passive Seite, die darin besteht, daß man gleichzeitig darauf verzichtet, einen anderen Weg zu gehen.

Man muß also – wenn man einen Weg tatsächlich gehen will – gleichzeitig darauf verzichten, einen anderen Weg zu gehen. Und dazu ist ein klarer Entschluß, eine klare Zielrichtung nötig. Diesen Entschluß und diese klare Zielrichtung kann man aus Lehren, Theorien, Erklärungen und Erkenntnissen gewinnen. Mehr aber nicht! Und nur darin besteht die wegweisende Wirkung von Lehren, Theorien, Erklärungen und Erkenntnissen. Das tatsächliche Gehen des Weges aber ist eine ganz andere Sache – eine Sache des eigenen Erlebens.

Das vorliegende Buch ist zugleich ein Wegweiser und eine praktische Anleitung zum Gehen des Weges. Als Wegweiser zeigt es Ihnen den Weg zu optimalem Glückserleben, zu optimaler Gesundheit und zu einer optimalen Entfaltung innerhalb Ihrer natürlichen, persönlichen und sozialen Wirklichkeit. Als Anleitung bringt es Ihnen stufenweise und systematisch alles das, was Sie zum tatsächlichen Gehen des Weges benötigen. Der Erfolg dieses Buches ist einzig und allein davon abhängig, ob Sie die darin beschriebenen Anregungen und Anleitungen auch tatsächlich verwirklichen und durchführen. Es bedarf daher Ihrer aktiven und unvoreingenommenen Mitarbeit. Um das Ziel zu erreichen, bedarf es gewisser Erfahrungen und Erlebnisse, die nur Sie selber erfahren und erleben können. Die Anleitungen dazu bekommen Sie. Aber erst durch ihre systematische Durchführung stellen sich die zum Erreichen des Zieles notwendigen Erfahrungen und Erlebnisse auch in der Tat ein. Und darauf kommt es an.

Der Mensch – auch Sie – wird einzig und alleine von seinen Reaktionssystemen bestimmt. Eine effektive Änderung kann daher nur dadurch erreicht werden, daß neue Reaktionssysteme erworben werden. Und neue Reaktionssysteme können nur durch intensives Üben erreicht werden, durch eigenes Erfahren und eigenes Erleben, wie es z.B. in den vital-kybernetischen Seminaren vermittelt wird. Wissen, Erkennen und Verstehen alleine haben auf diesem Gebiet keine effektive Änderung zur Folge. Sicher wissen auch Sie aus eigenen Erfahrungen, wie oft man sich etwas vornimmt und wie oft man einen Entschluß faßt – ohne in der Praxis des Lebens dann das Vorgenommene oder den Entschluß tatsächlich zu verwirklichen. Einmalige Impulse, Vorsätze und Entschlüsse haben keine somatische Wirkung. Nur dann kann ein tatsächlicher Erfolg eintreten, wenn ganz systematisch geübt wird und wenn dadurch mit der Zeit neue Gewohnheiten, neue Reaktionssysteme entstehen, die dann ihrer Eigenschaft entsprechend, unterbewußt-automatisch ablaufen und keinerlei bewußter Anstrengungen mehr bedürfen. Erst dann, wenn das Neue ganz von selber, ganz automatisch geht, kann sich der volle Erfolg entfalten.

DIE NORMALISIERUNG DER KÖRPERLICHEN UND GEISTIGEN FUNKTIONEN

Alle lebenswichtigen körperlichen und geistigen Funktionen laufen unterbewußt-automatisch ab. Jedes direkte und willentliche Eingreifenwollen und Erzwingenwollen dieser Funktionen stört und hemmt ihren unterbewußt-automatischen Ablauf. Jedes ungestörte und gelassene Ablaufenlassen aber – vorausgesetzt, daß man mit vollem Bewußtsein in der Wirklichkeit lebt – bewirkt eine Normalisierung aller körperlichen und geistigen Funktionen. Lebt man aber in einer unwirklichen Welt der Tagträume, der Phantasie und des Grübelns, dann entstehen sowohl körperliche wie auch geistige Fehlfunktionen.

Um den richtigen und normalen Ablauf körperlicher und geistiger Funktionen braucht sich das Ichbewußtsein grundsätzlich nicht zu kümmern. Im Gegenteil sogar: Das Ichbewußtsein kann dabei nur stören und hemmen. Das einzige, was man bewußt tun kann, um alle körperlichen und geistigen Funktionen ungestört und normal ablaufen zu lassen, ist die Beseitigung von störenden und hemmenden Faktoren durch das vollbewußte Erleben und Wahrnehmen der mit den Sinnen erfaßbaren Wirklichkeit.

Die natürliche Aufgabe des menschlichen Bewußtseins ist es, die Wirklichkeit wahrzunehmen und dadurch die Möglichkeit zu schaffen für eine tatsächliche Wirklichkeitssteuerung des ganzen Menschen. Diese natürliche Aufgabe kann das Bewußtsein am besten dann voll und ganz erfüllen, wenn es somatisiert ist.

Die Somatisierung des Bewußtseins bedeutet, daß man es verkörperlicht, daß man es beim Körper und bei der Wirklichkeit des jeweiligen Erlebens und Geschehens innerhalb der natürlichen, persönlichen und sozialen Wirklichkeit festhält. Dadurch wird automatisch verhindert, daß das Bewußtsein sich von der Wirklichkeit entfernt und sich in das Gebiet der Träume, Phantasien und des Grübelns begibt. Bei der Somatisierung (von: Soma = Körper) spielen Körpergefühl, Bewegungsgefühl, Umgebungsgefühl und Wirklichkeitsgefühl eine entscheidende Rolle. Unter Körpergefühl versteht man das Gefühl und Wahrnehmen des eigenen Körpers. Viele Menschen, die schon jahrelang oder jahrzehntelang in einer unwirklichen Traum- und Phantasiewelt gelebt haben, nehmen den eigenen Körper entweder gar nicht oder nur am Rande des Bewußtseins wahr. Hier gilt es, das normale Körpergefühl systematisch wieder zurückzugewinnen.

Bewegungsgefühl ist das lebendige Gefühl für die Bewegungen des Körpers. Auch hier haben viele Menschen das richtige und normale Gefühl für ihre Körperbewegungen verloren. Die Folgen sind, daß sie aus ihrer unwirklichen Traum- und Phantasiewelt nicht herauskommen und somit dauernd unter Fehlanpassungen zu leiden haben. Auch hier muß das rechte und richtige Lebensgefühl wieder systematisch erworben werden. Wie beim Körpergefühl und dem Wirklichkeitsgefühl. Überall dort, wo diese Teilaspekte des natürlichen Lebensgefühls verloren wurden und anstatt in der Wirklichkeit, in einer Traum- und Phantasiewelt gelebt wird, zeigen sich Störungen, Hemmungen und Fehlanpassungen. Der Gesamtkomplex aus: 1. Körpergefühl, 2. Bewegungsgefühl, 3. Umgebungsgefühl, 4. Wirklichkeitsgefühl, ergibt das normale und natürliche Lebensgefühl des glücklichen, gesunden und entfaltungsfähigen Menschen, der lebendig, gelassen, vollwach und vollbewußt im jeweiligen Erleben und Geschehen der natürlichen, persönlichen und sozialen Wirklichkeit voll anwesend ist und daran vollen Anteil nimmt. Dieses vollbewußte Erleben der Wirklichkeit, des Körpers, der eigenen Bewegungen, der Umgebung und des HIER, JETZT und SOSEINS, ist der natürliche Bewußtseinszustand des Menschen, in dem alle seine körperlichen und geistigen Funktionen automatisch richtig und im Sinne der Zielorientierung des Lebens ablaufen.

Der Mensch selber ist es, der diesen natürlichen und normalen Bewußtseinszustand ständig stört, hemmt und verhindert. Er selber ist es, der alles ändern, verbessern und seiner – aus einer meist negativen und unzweckmäßigen Erziehung stammenden – Mentalität anzupassen versucht. Die Meinung, daß der Körper mit allen seinen Funktionen, auch den geistigen Fähigkeiten und Funktionen, sich dem eigenen Denken, Streben und Wollen anzupassen hat, ist der eigentliche Störungs- und Hemmungsfaktor des Lebens. Nicht das Leben, und nicht der Körper oder die geistigen Funktionen passen sich der Mentalität an, sondern die Mentalität hat sich der Natur und dem Leben anzupassen, wenn alles einwandfrei, ungestört und ungehemmt funktionieren soll.

Der normale Daseinszustand und das natürliche Lebensgefühl

ist immer von Lebensfreude, Glücksgefühl, Energie und Leistungsfähigkeit begleitet. Überall dort, wo etwas anderes erlebt wird, wo negative und lebensfeindliche Emotionen und Gedanken herrschen, wo alles schwer geht und alles Schwierigkeiten macht, dort ist das natürliche Daseins- und Lebensgefühl nicht vorhanden, sondern dort herrscht die negative Welt der unwirklichen Träume, Phantasien und der negativen, lebensfeindlichen Emotionen. Die systematische Umstellung des Bewußtseins auf die Wirklichkeit, auf den Körper, auf die Bewegungen, auf die Umgebung und auf das tatsächliche HIERSEIN, JETZT und SOSEIN bewirkt automatisch eine Normalisierung aller körperlichen und geistigen Funktionen und damit Glückserleben, Gesundheit und Entfaltungsfähigkeit.

DIE HEILENDE WIRKUNG

DER SOMATISIERUNG DES BEWUSSTSEINS

Um die Bedeutung, welche die Somatisierung des Bewußtseins hat, ganz klar zu verstehen, wollen wir sie – bevor wir sie praktisch üben – von verschiedenen Seiten aus näher betrachten und in ihren Wirkungen kennenlernen. Zunächst einmal wollen wir das von der gesundheitlichen Seite aus tun.

Der Gesundheitszustand und die Widerstandskraft des Menschen sind weitgehend von seinem Lebens- und Daseinsgefühl abhängig. Der ganze Mensch mit allen seinen lebenswichtigen, körperlichen und geistigen Funktionen wird ja von der Wirklichkeit gesteuert. Das Gefühl, das ein Mensch von sich selber, von seinem Körper und seinen Bewegungen, von seiner Umgebung und von seiner Wirklichkeit hat, bestimmt seine körperliche und geistige Steuerung. Und darüber hinaus bestimmt dieses Lebens- und Daseinsgefühl als logische Folge natürlich auch den Gesundheitszustand und den Grad der Widerstandskraft gegenüber Krankheiten.

Mangelndes Lebens- und Daseinsgefühl, also Mangel an Körper-, Bewegungs-, Umgebungs- und Wirklichkeitsgefühl löst durch Fehlsteuerungen die vielfältigsten Störungen, Hemmungen und Krankheiten aus. Ist das Lebens- und Daseinsgefühl verlorengegangen, dann schafft sich der Körper durch schmerzhafte Leiden und Krankheiten sein eigenes

Körper- und Bewegungsgefühl, das er zu seiner automatischen Minimalsteuerung unbedingt braucht.
Durch schmerzhafte Leiden und Krankheiten wird ja normalerweise ganz automatisch das Bewußtsein auf den Körper und auf die Bewegung gelenkt und dadurch wird automatisch eine Aktivierung des Körper- und Bewegungsgefühls erreicht. Wird durch solche schmerzhafte Leiden und Erkrankungen der betreffende Mensch tatsächlich auf längere Zeit aus seiner unwirklichen Traum- und Phantasiewelt erlöst, dann verschwinden die Schmerzen wieder. Sobald aber in die alte Gewohnheit des Tagträumens, Phantasierens und Grübelns zurückgekehrt wird, erscheinen bald auch wieder die somatisierenden Schmerzen. So schwanken viele Menschen jahrelang zwischen zwangsmäßigen Somatisierungen durch schmerzhafte Leiden und Krankheiten hin und her. Dabei wäre es so leicht: man bräuchte ja nur den eigentlichen Sinn und Zweck der schmerzhaften Leiden und Krankheiten zu erkennen und dann ganz bewußt und freiwillig sein volles Bewußtsein innerhalb der Wirklichkeit von Körper-, Bewegungs-, Umgebungs- und Wirklichkeitsgefühl festzuhalten. Dann bräuchten in Zukunft keine schmerzhaften Leiden und Krankheiten mehr zwangsausgelöst zu werden.
Je wirklichkeitsnaher ein Mensch lebt, um so freier ist er von allen möglichen schmerzhaften Leiden und Krankheiten. Das Wahrnehmen von Körper- und Bewegungsgefühl ist deshalb so wichtig für den Körper, weil gerade dadurch die Durchblutung weitgehend gesteuert wird. Überall dort, wo der Körper mit seinen Bewegungen vollbewußt wahrgenommen wird – ganz gleich, ob durch vollbewußtes Erleben der Wirklichkeit oder durch Schmerzen – ist eine gute Durchblutung gegeben. Wo

aber der Körper weder selber, noch in seinen Bewegungen wahrgenommen wird, da man in einer unwirklichen Traum- und Phantasiewelt lebt, ist die Durchblutung gestört und disharmonisch. Und da gerade die richtige und harmonische – und auch zweckmäßige – Durchblutung des ganzen Körpers lebenswichtig ist, besorgt sich der Körper sein eigenes Wirklichkeitsgefühl durch schmerzhafte Leiden und Krankheiten, falls dies anders nicht möglich ist.

Schon alleine das kurzzeitige vollbewußte Hinlenken der vollen Aufmerksamkeit auf diesen oder jenen Körperteil, erhöht dessen Durchblutung. Dabei ist es ganz gleich, wodurch die Aufmerksamkeit und damit das Bewußtsein auf einen Körperteil gelenkt wird. Wichtig ist nur die Tatsache, daß das Bewußtsein auf den Körper gelenkt WIRD. Um die Aufmerksamkeit und damit das Bewußtsein auf den Körper oder auf ganz bestimmte Körperpartien hinzulenken und dort möglichst lange festzuhalten, gibt es die verschiedensten Methoden, Verfahren und Behandlungsarten.

Besonders in der Medizin werden solche Methoden, Verfahren und Behandlungsarten angewandt. Einige davon sind: Massage, Wärmebestrahlung, Heißluftanwendung, Ultraviolettbestrahlung, Sauna, Bäder, Kurzwellenbehandlung, Elektrisieren usw. Alle diese Verfahren lenken die Aufmerksamkeit und damit das Bewußtsein auf den Körper oder auf bestimmte Körperpartien. Natürlich hat jedes dieser Verfahren auch noch andere spezifische Wirkungen, aber der Hauptwirkungsfaktor, der eigentliche Heilungsfaktor, ist die Reizung des Körpers, der Nerven, der Gefäße usw. mit dem Erfolg einer Somatisierung des Bewußtseins.

Auch Medikamente, welche die Durchblutung der Haut vorübergehend steigern, haben eine solche somatisierende Wirkung, die dann meist auch noch anhält, wenn die spezifische Wirkung des Medikamentes schon lange abgeklungen ist. Je intensiver eine somatisierende Behandlung ist, um so länger können die Wirkungen anhalten. Es gibt aber auch Menschen, bei denen solche Verfahren nicht den gewünschten Erfolg bringen, einfach deshalb nicht, weil sie selbst bei intensivster Körperbehandlung träumen, phantasieren, grübeln, spekulieren und über andere Dinge nachdenken, also während der Behandlung eigentlich geistig abwesend sind. In solchen Fällen kann natürlich keinerlei Körpergefühl auftreten und die Wirkung, also die Verkörperung (Somatisierung) des Bewußtseins kann daher auch nicht eintreten.

Alles, was das Bewußtsein somatisiert, es also auf den Körper, auf Körperteile oder auf Bewegungen hinlenkt, und dort für eine längere Zeit festhält, hat eine stark heilende Wirkung. Schon allein die Hand des Arztes oder des Behandlers kann die Aufmerksamkeit und damit das Bewußtsein somatisieren und dadurch heilende Wirkungen ausüben. Wichtig ist dabei nur die Tatsache, daß das auf den Körper, auf Körperteile oder auf Bewegungen gerichtete Bewußtsein dann für eine längere Zeit dort festgehalten wird, wenn also dadurch das eigene Körper- und Bewegungsgefühl tatsächlich gesteigert wird.

Alle somatisierenden Methoden, Verfahren und Behandlungsarten wirken nicht nur bei Leiden und Krankheiten heilend und schmerzbeseitigend, sondern immer auch leistungssteigernd und wachmachend. Daher eignen sich solche Verfahren nicht nur zu Heilzwecken, sondern auch dazu, das Gesamtlebensgefühl, die Gesamtleistungsfähigkeit und auch die

geistigen Funktionen zu aktivieren und zu entfalten.
Zu diesem Zweck gibt es außer den eigentlichen, mehr speziellen Heilverfahren, auch solche Methoden und Verfahren, die auch außerhalb einer Heilbehandlung angewandt werden können. Hier sind besonders zu nennen: Entspannungsübungen jeder Art, das Autogene Training, Ausdrucksübungen jeder Art, das Vital-Kybernetik-Training, Hatha-Yoga-Übungen, Tai-Chi-Übungen, Zen-Übungen, Hara-Übungen, die Achtsamkeitsübungen des Buddhismus (Satipatthana) usw. Alle diese Methoden, Verfahren und Übungssysteme lösen – wenn sie richtig durchgeführt werden – eine intensive Somatisierung aus, bei gleichzeitiger Abschaltung aller negativen und einer Somatisierung entgegenstehenden Faktoren wie Tagträumen, Phantasieren, Grübeln und Nachdenken über unwirkliche Dinge. Solche Übungen müssen aber tatsächlich intensiv und mit voller Anteilnahme der ganzen Persönlichkeit durchgeführt werden, sonst haben sie nur geringe Teilwirkungen.
Bewegungsübungen wie Gymnastik, Schwunggymnastik, Turnübungen und Haltungsübungen haben dieselbe Wirkung, wenn sie mit der Absicht einer Somatisierung des Bewußtseins durchgeführt werden. Hauptsache ist bei allen Übungen des Körpers, der Bewegungen und der bewußten Aufmerksamkeit die Verkörperlichung (Somatisierung) des Bewußtseins. Die Wirkungsdauer wie auch die Wirkungsbreite hängen immer davon ab, wieweit die erreichte Somatisierung auch noch nach der Übungszeit beibehalten wird.
Immer dann, wenn der Mensch seinen Körper und seine Bewegungen vollbewußt wahrnimmt und somit sein Bewußtsein verkörpert (somatisiert), funktionieren seine körperlichen und geistigen Funktionen gut und einwandfrei. Und immer

dann, wenn der Mensch von seinem Körper- und Bewegungsgefühl abwesend ist, also weder Körper noch Bewegungen fühlt und wahrnimmt, bahnen sich Störungen, Hemmungen und Fehlfunktionen an. Lebt ein Mensch überwiegend in einer unwirklichen Traum- und Phantasiewelt, dann ist er in allen seinen Funktionen überwiegend gestört und gehemmt. Lebt aber ein Mensch überwiegend in der Wirklichkeit, dann ist er überwiegend ungestört und ungehemmt, also normal gesund, normal leistungsfähig und entfaltungsfähig.

In Fällen, wo ein Mensch ganz und gar in einer unwirklichen Traum-, Phantasie- und Vorstellungswelt aufgeht, stellen sich zwangsläufig schwere Gemütsleiden, Neurosen und oft auch geistige Störungen ein. In solchen Fällen ist dann tatsächlich nur noch eine systematische und längerdauernde psychotherapeutische Behandlung oder eine fachgerecht durchgeführte Beschäftigungs- und Arbeitstherapie wirksam. Nur so kann dann stufenweise und systematisch das gänzlich verlorene Wirklichkeitsgefühl wieder geweckt, entwickelt und gesteigert werden. Eine Beschäftigungs- und Arbeitstherapie ist auch bei älteren Personen sehr wirksam, denen im Laufe der Jahrzehnte das richtige Lebens- und Wirklichkeitsgefühl verlorengegangen ist. Richtig durchgeführt, kann sie die Lebensspanne beträchtlich verlängern.

DIE BEDEUTUNG DER SOMATISIERUNG IM ALLTAG

Die Somatisierung des Bewußtseins hat nicht nur auf dem Gebiet des Heilwesens eine große und entscheidende Bedeutung, sondern praktisch in allen Bereichen des alltäglichen Lebens. Sie spielt sowohl im Privatleben als auch im Berufs- und Gesellschaftsleben eine bedeutende Rolle. Man kann sogar sagen, daß der Grad der Somatisierung des einzelnen Menschen eine schicksalsentscheidende Bedeutung für ihn hat. Die folgenden Darstellungen werden Ihnen das verständlich machen.

Es wird heute oft gesagt, daß der moderne Mensch viel zu wenig körperliche Bewegung hat und daß er deshalb für alle möglichen Leiden und Krankheiten so sehr anfällig ist. Sicher stimmt das im Grunde genommen, aber der Kern des Problems liegt weniger in den tatsächlichen körperlichen Bewegungen, als vielmehr im mangelnden Bewegungsgefühl des modernen Menschen. Es gibt Leute, die sehr viel körperliche Bewegung haben, die aber mit ihrem Bewußtsein dauernd abwesend sind und daher nur über ein geringes Körper- und Bewegungsgefühl verfügen. Die Folge ist, daß sie trotz ihrer vielen körperlichen Bewegungsmöglichkeiten für alle möglichen Krankheiten anfällig sind. Und es gibt Personen, die dauernd einer sitzenden Tätigkeit nachgehen, mit dem Auto fahren und auch sonst wenig körperliche Bewegung haben und trotzdem gesund sind, weil sie ihr normales Körper- und Bewegungsgefühl noch nicht verloren haben, sondern mit vollem Bewußtsein in ihrer tatsächlichen Wirklichkeit leben. Es kommt nicht so sehr auf die Menge und Intensität körperlicher Bewegungen, als vielmehr auf das richtige Lebensgefühl, auf das tatsächlich vorhandene Körper- und Bewegungsgefühl und auf die Somatisierung des Bewußtseins an. Körperliche Bewegung und körperliche Arbeiten halten nur dann gesund, wenn man mit seinem Bewußtsein beim Körper ist, wenn man anwesend ist und nicht in einer abwesenden und unwirklichen Innenwelt der Träume, der Phantasien und des Grübelns lebt.

Sport hält gesund, hält jung und elastisch. So wird wenigstens immer gesagt. Aber nur dann hält Sport jung, gesund und elastisch, wenn er das Lebensgefühl, das Körpergefühl und das Bewegungsgefühl steigert, wenn er also somatisiert. Nicht aber, wenn er abwesend, unbewußt und teilnahmslos betrieben wird. Sport hat zwar den Vorteil, daß er das Bewußtsein ganz von selber auf den Körper und auf die Bewegungen lenkt, aber nicht diese oder jene Sportart an sich ist die Ursache gesundheitlicher Wirkungen. Immer ist die durch Sportausübung bedingte Somatisierung der Hauptwirkungsfaktor. Nicht die Menge der körperlichen Bewegung oder die Intensität derselben entscheidet über Wert und Unwert einer Sportart, sondern immer die vollbewußte Anwesenheit im Körper, die Somatisierung des Bewußtseins.

Wie wenig eine intensive Anstrengung und wie viel eine vollbewußte Anteilnahme des Bewußtseins beim Sport ausmacht, kann man deutlich an sportähnlichen Übungssystemen erkennen. Nehmen wir nur einmal die aus China stammenden

Tai-Chi-Übungen und die aus Indien stammenden Hatha-Yoga-Übungen als Beispiel. Die Tai-Chi-Übungen werden ohne jeden Kraftaufwand, aber mit voller Anteilnahme des Bewußtseins durchgeführt. Sie bestehen darin, daß bestimmte Körperbewegungen und Bewegungsserien ganz langsam im Zeitlupentempo durchgeführt werden, bei voller Teilnahme des Bewußtseins. Hatha-Yoga-Übungen bestehen oft nur aus Körperstellungen, die ganz langsam und vollbewußt eingenommen und dann einige Minuten lang – ebenfalls mit vollem Bewußtsein – beibehalten werden. Dabei sind weder körperliche Kraftanstrengungen, noch geistige Höchstleistungen erforderlich. Man macht eben die vorgeschriebenen Übungen und IST VOLL DABEI. Das ist sowohl bei Tai-Chi, wie auch bei Hatha Yoga tatsächlich alles, was zu tun ist. Die Wirkungen dieser beiden Übungssysteme sind – richtig und vollbewußt durchgeführt – immer verblüffend gut. Oft stellen sich die normalen körperlichen und geistigen Funktionen bereits nach zwei bis drei Übungswochen voll ein. Der Erfolg ist dabei um so verblüffender, je mehr die körperlichen und geistigen Funktionen vor Beginn der Übungen gestört und gehemmt waren.

Nun haben aber gerade solche aus östlichen Ländern kommende Übungssysteme die Gefahr in sich, daß man dahinter irgendein Geheimnis sucht. Man kann es nicht fassen, daß alles so einfach sein soll und daß die Wirkungen trotzdem so verblüffend ausfallen. Wer aber hinter Tai Chi und hinter Yoga ein Geheimnis sucht, wird immer nur eines finden: SICH SELBER. Alles weitere Suchen hinter östlichen Übungssystemen bewirkt nur Negatives, nämlich Abwesenheit des Bewußtseins vom Körper und von den Bewegungen und damit Träume, Phantasien und Spekulationen ohne jeden Wert. Und damit lassen sich selbst bei Tai Chi und Hatha Yoga keinerlei positive Wirkungen erzielen.

Ähnlich ist es auch mit anderen östlichen Übungssystemen, wie: Judo, Hara und Zen. Auch hinter diesen Systemen ist kein Geheimnis, es sei denn, man wolle das volle Bewußtwerden des eigenen Wesens als ein Geheimnis bezeichnen. Dann allerdings müßte man hinter jedem vollbewußten und beglückenden Tun ein Geheimnis suchen und das würde immer negative Folgen haben und in eine unwirkliche Welt der Träume und Phantasien führen. Die Folge wäre dann, daß alles Tun nicht mehr beglücken könnte. Die Suche nach einem Geheimnis hinter östlichen Übungssystemen ist Schuld daran, daß solche Systeme – so einfach und wirksam sie auch sind – bei uns nur selten den gewünschten Erfolg bringen.

Um verblüffende Wirkungen zu erzielen, braucht man aber nicht auf östliche Übungssysteme zurückzugreifen. Man kann praktisch jede körperliche Tätigkeit als Übung benutzen und sich dabei somatisieren. Wenn man dabei tatsächlich das volle Bewußtsein auf den Körper und seine Bewegung lenkt und dort festhält, treten genau dieselben verblüffenden Wirkungen ein. So läßt sich z.B. das Schwimmen als Übung verwenden. Wer beim Schwimmen vollbewußt seinen Körper und seine Bewegungen fühlt und sich dazu auch noch mit dem ihn umgebenden Wasser und der Luft, die er atmet, als Einheit fühlt und wahrnimmt, wird ein durchaus beglückendes Daseinsgefühl und eine den ganzen Körper durchdringende Lebensfreude empfinden. Voraussetzung ist allerdings, daß man beim Schwimmen nicht über geschäftliche oder andere Dinge nachdenkt, sondern tatsächlich NUR SCHWIMMT.

Auch das Wandern und Spazierengehen eignet sich als Somatisierungsübung. Man kann dabei mit seinem ganzen Bewußtsein bei den Bewegungen und beim Körper verweilen und durchaus eine existentielle Einheit von Geschehen und Wahrnehmung erleben. Natürlich auch hier unter gleichzeitiger Ausschaltung jedes unnötigen Denkens und jedes Träumens, Phantasierens und Grübelns. Aber wie selten tut das der Mensch im Alltag? Und wie oft denkt er gerade beim Wandern und Spazierengehen über diese oder jene unnötigen und unwirklichen Dinge nach.

Weitere Möglichkeiten zu Somatisierungsübungen bieten sich praktisch bei allen Tätigkeiten und Bewegungen. Reiten, Radfahren und Rudern sind weitere Möglichkeiten. Sich bei einer körperlichen Tätigkeit ganz mit dem Bewußtsein in den Körper und in die Bewegungen hineinfühlen und gleichzeitig – ohne zu denken, ohne zu träumen und ohne zu phantasieren – die Umgebung erlebend wahrnehmen, das ist Somatisierung des Bewußtseins. Diese Einheit von Erleben und Wahrnehmung erzeugt denjenigen Bewußtseinszustand, bei dem alle körperlichen und geistigen Fähigkeiten normal und harmonisch ablaufen.

Hier wäre auch noch etwas zum Thema: Urlaub zu sagen. Ganz gleich, ob man seinen Urlaub an der See, im Gebirge oder in einer Waldgegend verbringt, immer spielt die Somatisierung und die existenzielle Einheit von Erleben und Wahrnehmen die entscheidende Rolle, ob ein Urlaub eine Erholung oder eine Anstrengung ist. Heute ist es leider Mode geworden, im Urlaub seine Kindheitsträume und Jugendphantasien abzureagieren. Man sucht Neues und Andersartiges. Man will die „Geheimnisse“ ferner Länder und fremder Völker erleben und das Ergebnis ist, daß man von Ort zu Ort, von Land zu Land und sogar von Kontinent zu Kontinent jagt und hetzt. Dabei aber findet man überall nur dasselbe: das Leben der Menschen im jeweiligen HIER, JETZT und SOSEIN und man ist darüber sogar enttäuscht, weil die wahre und wirkliche Welt nicht so ist, wie man sie in den eigenen Träumen gerne haben möchte.

Richtigen Urlaub machen, das bedeutet, daß man die freie Zeit dazu benutzt, einmal tatsächlich mit sich, mit seinem Körper und mit der jeweiligen sinnlich wahrnehmbaren Umwelt eine existenzielle Einheit zu bilden. Dabei ist es ganz gleich, ob man am Strand liegt und nur seinen eigenen Körper vollbewußt wahrnimmt, ob man einen Berg ersteigt und dabei mit sich selber und seiner jeweiligen Umgebung eine wahrnehmungsmäßige Einheit bildet, ob man in einem Fluß, in einem See oder im Meer schwimmt und dabei die Wirklichkeit im jeweiligen HIER, JETZT und SOSEIN vollbewußt erlebt, oder ob man lediglich Waldspaziergänge macht und eins ist mit der Natur. Urlaub hat immer nur dann eine tatsächlich erholende und regenerierende Wirkung, wenn man vollbewußt in der jeweiligen Wirklichkeit lebt und wenn zwischen Körpergefühl, Bewegungsgefühl, Umgebungsgefühl und Wirklichkeitsgefühl eine tatsächlich existenzielle Einheit besteht. Ein Urlaub aber, der nur dazu benutzt wird, um über geschäftliche oder private Dinge und Sorgen besser nachdenken zu können, oder der dazu benutzt wird, endlich einmal wieder einige Bücher lesen zu können, ist kein Urlaub, sondern eine Zeitverschwendung.

Die Somatisierung hat auch bei der täglichen Arbeit wie bei der sinnvollen Freizeitbeschäftigung ihre entscheidende Bedeutung. Ja sogar beim Autofahren, beim Basteln, Werken und bei künstlerischen Tätigkeiten. In der Wirklichkeit lebt nur derjenige, der immer und überall bei der Sache ist, mit vollem und ungeteiltem Bewußtsein gerade bei dem ist, was er gerade tut, was er gerade erlebt und was er gerade innerhalb seiner natürlichen, persönlichen und sozialen Wirklichkeit wahrnimmt.

Nicht umsonst wird heute so sehr auf eine vernünftige und sinnvolle Freizeitbeschäftigung hingewiesen. Eine solche braucht aber keinen Zweck, keinen direkten Nutzen und auch keinen „geistigen" Wert zu haben. Gerade diejenigen Freizeitbeschäftigungen, die mehr ein Spiel, eine absichtslose – aber vollbewußte – Tätigkeit in dieser oder jener Richtung darstellen, haben die besten und gesundheitsfördernsten Wirkungen. Basteln und Werken, rein um der Sache, um der vollbewußt wahrgenommenen Tätigkeit willen, das ist sinnvolle Freizeitbeschäftigung. Oder eine künstlerisch-gestaltende Tätigkeit, die aus reiner Freude an der Sache ausgeübt wird und bei der es ganz und gar egal ist, was dabei herauskommt, das ist sinnvolle und gesundheitsfördernde Freizeitbeschäftigung. Gerade bei künstlerischen Tätigkeiten ist es entscheidend, ob irgendein Werk in voller und ungeteilter Hingabe mit dem ganzen Wesen, dem ganzen Bewußtsein und der ganzen Persönlichkeit sich sozusagen „ganz von selber" schafft, oder ob mit einer bestimmten „zweckvollen" und „nützlichen" Absicht etwas „gemacht" werden soll oder gar versucht wird, etwas aus reinen verstandesmäßigen Gründen und Erwägungen zu erzwingen. Der echte Künstler ist in seinem Bewußtsein eins mit seiner Tätigkeit und mit dem sich selber gestaltenden Werk. Der Stümper aber tut alles mit Absicht, mit Zweck und Überlegung. Dabei aber kommen dann natürlich keine Kunstwerke, sondern immer nur etwas „Gemachtes“ und willentlich Erzwungenes heraus, dem man seine „Gemachtheit“ natürlich auch gleich auf den ersten Blick ansieht. Der Eindruck, den ein Kunstwerk beim Betrachter automatisch auslöst zeigt immer ganz klar und eindeutig, aus welcher Bewußtseinslage heraus es entstanden ist.

Nun zum Thema: Autofahren. Mit Autofahren verträgt sich tatsächlich nur eines: Autofahren. Jedes Denken, Grübeln, Phantasieren, Träumen und Unterhalten während des Autofahrens ist nicht nur gesundheitsschädlich, weil es körperliche und geistige Störungen, Hemmungen und Fehlsteuerungen bewirkt, sondern auch lebensgefährlich. Wer beim Autofahren seine Urlaubsreise plant, wer seine Steuererklärung in Gedanken ausfüllt, wer geschäftliche, private oder sonstige Probleme wälzt, ist eine akute Gefahr für seine Mitmenschen. Die meisten Unfälle geschehen bei geistiger Abwesenheit. Die wenigsten aber dann – fast gar keine eigenverschuldeten –, wenn man tatsächlich mit seinem vollen Bewußtsein einzig und alleine bei dem ist, was man tut: Autofahren. Dies ist auch leicht verständlich. Denn wenn man beim Autofahren nachdenkt, grübelt, spekuliert, träumt oder phantasiert, dann ist der Wachsamkeitsgrad weit unter seinen normalen Höchstwert abgesunken und die Folge davon ist, daß auch das Nervensystem und die Motorik (das Bewegungsnervensystem) sich in einem nur minimalen Funktionszustand befinden. Und das bedeutet: verringerte und verzögerte Reaktionsfähigkeit. Die Schrecksekunde wird dann so lange, daß schon bei einer Geschwindigkeit von nur 50 bis 60 km/h eine akute Gefahr eintritt, wenn plötzlich etwas Unvorhergesehenes auftaucht. Nur der vollbewußte und geistesanwesende Autofahrer kann auch noch über diese Geschwindigkeit hinaus voll und ganz reagieren, eben so, wie es ihm tatsächlich bei voller Wachsamkeit möglich ist.

Das Autofahren hat auf viele Menschen eine nahezu magische Anziehungskraft. Diese Anziehungskraft kommt aus dem unbewußt-automatisch wirksamen Bedürfnis nach einer optimalen Somatisierung. Dieses Bedürfnis tritt besonders bei solchen Personen lebhaft in Erscheinung, die überwiegend in einer unwirklichen Innenwelt der Träume und Phantasie leben. Solchen Personen bietet das Autofahren die Möglichkeit, sich zu somatisieren und tatsächlich eins zu sein mit sich und mit ihrer wirklichen Umgebung. Aber bald schon schleicht sich die alte Verhaltensgewohnheit des Nachdenkens, Grübelns, Träumens und Phantasierens wieder ein und das Erlebnis einer Somatisierung verschwindet wieder. Meist wird das Gefühl der Somatisierung am lebhaftesten dann erlebt, wenn man einen neuen Wagen fährt. Dann fährt man auch tatsächlich voll bewußt und mit voller Anteilnahme des ganzen Wesens und der ganzen Persönlichkeit. Man erlebt dann beglückende Augenblicke des Einsseins mit sich selber, mit seinem Körper, mit seinem Wagen und mit der ganzen Umgebung. Autofahren kann eine sehr gute und sehr wirksame Somatisierungsübung sein, wenn man dabei tatsächlich eine existenzielle Einheit von Erleben und Wahrnehmung vollbewußt erlebt, wenn man also beim Autofahren tatsächlich nur eines tut und eines erlebt: Autofahren, nichts als Autofahren.

Somatisierung bedeutet, mit sich selber (mit seinem Körper und seinen Bewegungen), mit seiner Umgebung und mit der raumzeitlichen Wirklichkeit des HIER, JETZT und SOSEINS eine tatsächliche und erlebensmäßige Einheit zu sein, Somatisierung bedeutet, seinen Körper, seine Bewegungen, seine Umgebung und die tatsächliche Wirklichkeit vollbewußt zu erleben, zu erfahren und wahrzunehmen. Da diese existenzielle Einheit von Erleben und Wahrnehmung von Natur aus der normale Bewußtseinszustand des Menschen ist, fühlt man ganz unbewußt und automatisch eine Zuneigung zu solchen Dingen und Geschehnissen, welche eine Somatisierung und damit eine existenzielle Einheit des ganzen Wesens und der ganzen Persönlichkeit ermöglichen und fördern. Von dieser unbewußt und automatisch wirksamen Zuneigung profitieren auch Mode und Schönheitspflege.

Ein neuer Anzug, ein neues Kleid, eine neue Frisur lenken das Bewußtsein ganz von selber auf den Körper, auf die Bewegungen und auch auf die wirkliche soziale Umgebung, bei der man ja einen guten Eindruck erwecken will. Der Drang, einen guten Eindruck zu erwecken, anderen zu gefallen und auf andere Menschen irgendwie positiv zu wirken, ist eigentlich auf den natürlichen Drang nach einer optimalen Somatisierung zurückzuführen. Dieser Drang läßt uns alles erstrebenswert erscheinen, was das natürliche und normale Lebensgefühl weckt, entfaltet und fördert. Dieser Drang, der sich oft besonders betont auf dem Gebiet der Mode und der Schönheitspflege bemerkbar macht, ist ganz besonders bei solchen Personen sehr stark, die überwiegend in einer unwirklichen Traum- und Phantasiewelt leben. Wer aber überwiegend in seiner tatsächlichen Wirklichkeit lebt, vermeidet automatisch alles Auffallende. Er kleidet sich zweckmäßig und schlicht, er pflegt sich normal und hat keinerlei Drang nach dieser oder jener modischen oder kosmetischen Übertreibung. Ein Mangel an Selbstgefühl, an Körpergefühl, Bewegungsgefühl, Umgebungsgefühl und Wirklichkeitsgefühl ist die eigentliche Ursache dafür, daß manche Leute so viel Geld für Mode und Kosmetik ausgeben.

Sehr bedeutsam ist der Somatisierungseffekt auch bei Uniformen und anderen äußerlich sichtbaren Kennzeichen eines höheren Ranges. Offiziere und Personen mit einem höheren Rang sollen – ihrer beruflichen Eigenschaft entsprechend – eine Persönlichkeit sein. Sie sollen auf Untergebene und andere Personen eine bestimmte Persönlichkeitswirkung und Überzeugung ausstrahlen. Nun sind aber Persönlichkeitswirkungen und Überzeugungskraft von Natur aus durch den Grad der Somatisierung bedingt. Je mehr ein Mensch somatisiert ist, je mehr er also sein volles Bewußtsein bei der Wirklichkeit hat und je weniger er dadurch in einer unwirklichen Traum- und Phantasiewelt lebt, um so effektiver wirkt sein ganzes Wesen und seine ganze Persönlichkeit nach außen.

Die vielfältigen positiven Persönlichkeitswirkungen, auf die wir im nächsten Kapitel näher eingehen wollen, können entweder durch eine vollbewußte Somatisierung, wie auch durch eine indirekte Somatisierung mittels Uniformen und anderer Hilfsmittel erreicht werden. Allerdings ist die vollbewußte und aus dem eigenen Wesen kommende Somatisierung viel wirksamer als die durch dieses oder jene Hilfsmittel erzwungene. Aber trotzdem hebt eine schöne Uniform bei vielen Menschen das Lebensgefühl, das Gefühl für den eigenen Körper, für die eigenen Bewegungen und für die soziale Umgebung. Und auch viele der logischen Folgen einer Somatisierung, wie normale körperliche und geistige Funktionen, volle Wachheit, volle Leistungs- und Energiebereitschaft usw. zeigen sich auch als Folge von indirekt somatisierenden Hilfsmitteln,

wie Uniformen, Rangkennzeichen und Titeln.
Die Somatisierung spielt überall im Leben eine bedeutende Rolle. Der somatisierte Mensch lebt in seiner tatsächlichen Wirklichkeit des HIER, JETZT und SOSEINS. Und dadurch ist gleichzeitig das Leben in einer unwirklichen Innenwelt der Träume, der Phantasie, des Grübelns und unnötigen Nachdenkens über unwirkliche Dinge weitgehend oder ganz ausgeschaltet. Der voll oder zumindest überwiegend somatisierte Mensch – ganz gleich, wodurch seine Somatisierung ausgelöst und weshalb sein volles Bewußtsein bei der Wirklichkeit gehalten wird – reagiert anders als der geistig abwesende Mensch. Der somatisierte Mensch wirkt auch anders auf seine Umgebung. Er wirkt positiv, überzeugend, beeinflussend – kurz gesagt: er ist eine wirksame Persönlichkeit. Seine Reaktionsweisen sind eindeutig, sicher und zweckmäßig; sein Denken ist logisch und entspricht der Wirklichkeit des HIER, JETZT und SOSEINS; seine Ausdrucksweise ist frei und selbstsicher; gegenüber negativen und lebensfeindlichen Emotionen ist er wenig oder gar nicht anfällig und sein Gesundheitszustand ist optimal.

DIE POSITIVE AUSRICHTUNG DER GANZEN PERSÖNLICHKEIT DURCH SOMATISIERUNG

Die Somatisierung des Bewußtseins normalisiert und optimiert alle körperlichen und geistigen Funktionen. Ihre körperlichen Wirkungen zeigen sich besonders in einer Verbesserung und Stabilisierung des gesamten Gesundheitszustandes. Ihre geistigen Wirkungen aber machen sich dahingehend bemerkbar, daß alle geistigen Fähigkeiten und Eigenschaften frei, ungestört und ungehindert ablaufen können, wie es ihrer natürlichen Bestimmung und Zweckmäßigkeit eben entspricht. Und das bedeutet eine Normalisierung aller geistigen Fähigkeiten und Eigenschaften.

In bezug auf die geistigen Funktionen des Menschen bestehen viele falsche und irrige Meinungen. So ist z.B. die Meinung weit verbreitet, daß geistige Funktionen, Fähigkeiten und Eigenschaften erst einmal bewußt, willentlich und unter Energieaufwand geübt und trainiert werden müßten, um einwandfrei und optimal ablaufen und funktionieren zu können. Diese Meinung ist nicht nur falsch und irrig, sondern auch sehr schädlich, denn jede bewußte und willentliche Anstrengung in Richtung auf eine „Geistesschulung" hat für die gesamte Persönlichkeit des Menschen eine durchaus negative, verkrampfende und widernatürliche Wirkung. Die geistigen Funktionen des Menschen laufen ja von Natur aus schon optimal ab, wenn sie nicht gestört, gehemmt oder verhindert werden. Ein absichtliches, willentliches und bewußtes Dazutun ist dabei gar nicht nötig.

Das eigentliche Problem der effektiven Steigerung geistiger Funktionen, Fähigkeiten und Eigenschaften liegt also nicht darin, daß man sich willentlich und angestrengt übt, sondern darin, daß man alle negativen, störenden, hemmenden und verhindernden Faktoren beseitigt, unwirksam macht und ausschaltet. Wenn nämlich die geistigen Funktionen nicht gestört, nicht gehemmt und in ihrem Ablauf nicht gehindert werden, dann laufen sie ganz von selber, ganz automatisch bestmöglich ab. Um das zu erreichen, ist die Somatisierung des Bewußtseins sowohl das einfachste, als auch das beste und wirksamste Mittel. Wie sich die Somatisierung in dieser Richtung positiv auswirkt, wollen wir nun kennenlernen.

Zunächst einmal steigert die Somatisierung die Grundfunktion des menschlichen Geistes: die Konzentrationsfähigkeit. Gerade diese Fähigkeit ist es, die das ganze Leben und Schicksal des einzelnen grundlegend entscheidet. Nur der konzentrationsfähige Mensch ist erfolgreich und voll entfaltungsfähig, wogegen der unkonzentrierte und zerstreute Mensch immer in Halbheiten und unvollendeten Dingen steckenbleibt ohne tatsächlich wirklich etwas zu erreichen. Die Somatisierung steigert die Konzentrationsfähigkeit gleichzeitig durch zwei Faktoren: 1. Durch das bewußte Hinlenken und Festhalten der bewußten Aufmerksamkeit auf die tatsächliche Wirklichkeit im HIER, JETZT und SOSEIN. 2. Durch das damit automatisch einhergehende Ausschalten aller jener negativen

Faktoren, die das Bewußtsein und die Aufmerksamkeit zerstreuen und eine tatsächliche Konzentration verhindern. Und dadurch wird die Konzentrationsfähigkeit ganz von selber – ohne jedes weitere Zutun – gesteigert und optimiert. Echte und optimale Konzentration hat nichts mit Anstrengung, Verkrampfung und Anspannung zu tun. Konzentration ist vielmehr die ganz einfache und selbstverständliche Fähigkeit, seine Aufmerksamkeit und sein Bewußtstein frei, ungestört und ungehemmt auf wesentliche, bedeutsame und entscheidende Dinge, Vorgänge und Erlebnisse zu richten und dort ebenso frei, ungestört und ungehemmt festzuhalten.

Die Somatisierung des Bewußtseins weckt, entwickelt und steigert auch das Selbstvertrauen. Die Tatsache, daß man bei angewandter Somatisierung erlebt, wie alles automatisch und optimal funktioniert, gibt das volles Vertrauen zu sich selber und zum Leben. Man macht sich über nebensächliche und unwichtige Dinge nicht mehr so viel Sorgen. Man wird gleichmütig, ruhig und gelassen, da man sich nicht mehr ängstlich darum bemüht, ja alles richtig und vollkommen zu machen. Es funktioniert ja sowieso alles normal und bestmöglich und das erleichert nicht nur das Leben, sondern läßt auch Angespanntheit, Verkrampftheit und Lebensangst verschwinden. Und alle diese Faktoren lassen einem laufend – das Beibehalten der Somatisierung vorausgesetzt – erleben und erfahren, daß man sich selber, dem eigenen Körper, dem eigenen Geist und auch dem Leben, voll und ganz vertrauend hingeben kann.

Eine weitere sehr wertvolle Folge der Anwendung der Somatisierung ist die ständig anwesende Geistesgegenwart. Schon alleine die Tatsache, daß man mit seinem vollen Bewußtsein bei der Wirklichkeit, beim Körpergefühl, Bewegungsgefühl, Umgebungsgefühl und Wirklichkeitsgefühl ist, bedeutet ja die volle Anwesenheit des Geistes und damit einhergehend auch die volle Reaktions- und Anpassungsfähigkeit gegenüber allen Situationen, Geschehnissen und Gegebenheiten.

Auch Selbstsicherheit und persönlicher Mut sind Fähigkeiten, die sich bei Anwendung der Somatisierung ganz von selber einstellen. Selbstsicherheit ist das Gefühl, daß man sich seiner natürlichen und sozialen Reaktion sicher ist, daß man aus dem Gefühl einer gewissen Freiheit heraus denken, handeln und wirken kann. Und diese Freiheit fühlt man bei der Somatisierung ganz von selber in sich. Diese Freiheit ist nicht nur ein angenehmes und beglückendes Gefühl, sie beeinflußt auch die gesamte soziale Reaktionsweise und löst dadurch Unbefangenheit, selbstsicheres Auftreten und persönlichen Mut aus. Man traut sich tatsächlich so viel zu, wie man seinem Wirklichkeitsgefühl nach leisten und durchführen kann. Angst und Mut sind Gegensätze. Da durch die Anwendung der Somatisierung die Angst in ihren vielen Formen wie Lebensangst, Situationsangst usw. verschwindet, steigt automatisch der persönliche Mut.

Daß sich Energiebereitschaft und Leistungsfähigkeit durch Anwendung der Somatisierung steigern, ist selbstverständlich. Aber auch die Fähigkeit des klaren, logischen und wirklichkeitsgerechten Denkens, das Gedächtnis und die Intuition sind geistige Funktionen, die durch eine systematische Anwendung der Somatisierung ganz wesentlich gesteigert werden können. Einfach deshalb, weil die Somatisierung ja alle negativen Faktoren verschwinden läßt, die das Denken verwirren, das Gedächtnis schwächen und die Intuition in ihrer lebens-

fördernden Funktion hindern.
Das Denken kann man als ein Probehandeln bezeichnen, als ein gedachtes Handeln im Geist, das besonders dann sehr wichtig ist, wenn es darum geht, auf bisher unbekannte Situationen, Tatsachen und Geschehen bewußt reagieren zu müssen. Durch logisches und wirklichkeitsentsprechendes Denken werden Probleme gelöst und Situationen geklärt. Solches Denken hat daher in der Zielorientierung des Lebens seine durchaus berechtigte Bedeutung. Aber alles unnötige Denken, alles Spekulieren um die eigene Ichperson und alles Nachdenken über unwirkliche Dinge hemmt und stört die Somatisierung und dadurch auch die körperlichen und geistigen Funktionen. Die meisten Menschen denken dauernd und ohne Unterbrechung. Sie vergessen dabei das Wichtigste: das LEBEN SELBER. Denken ist nur Probehandeln, Versuchshandeln und keinesfalls gleichbedeutend mit Leben oder Erleben. Nur das unmittelbare Erleben der Wirklichkeit im HIER, JETZT und SOSEIN, das ist das echte und volle ERLEBEN. Und nur darauf kommt es an. Ein Ersatzleben aber, in einer Probe- und Versuchswelt des dauernden Denkens, stört und hemmt das eigentliche, wirkliche Erleben.
Das Gedächtnis funktioniert automatisch und ganz von selber fällt einem immer das gerade Notwendige und Bedeutsame ein, wenn man nicht versucht, einen willentlichen Einfluß auf das Gedächtnis auszuüben. Jeder weiß aus Erfahrung, wie schwer es ist, sich an etwas zu erinnern, wenn man ganz bewußt-willentlich sich erinnern will. Je mehr man sich dabei auch anstrengen mag, es geht nicht. Aber sofort, wenn man sich löst und geistig entspannt, wenn man zu anderen Bewußtseinsinhalten oder Tätigkeiten übergeht, schon fällt einem das

ein, was man gerade noch angestrengt erinnern wollte. Der bewußte Wille stört praktisch alle automatische Funktionen. Aber alles funktioniert einwandfrei, wenn man es einfach ganz gelassen und ungezwungen funktionieren läßt. Da die Somatisierung in dieser Richtung wirksam ist, funktioniert auch das Gedächtnis besser, wenn man sie anwendet. Dazu kommt noch ein ganz wesentlicher Faktor, der darin besteht, daß vollbewußt Wahrgenommenes viel besser im Gedächtnis hängen bleibt als etwas, das nur halbbewußt oder sozusagen nebenbei wahrgenommen wurde. Somatisierung bedeutet ja: vollbewußtes Wahrnehmen der Wirklichkeit. Und damit wird das Gedächtnis besser und funktionsfähiger.

Die Intuition ist die Fähigkeit der unmittelbaren Erfassung der Wirklichkeit durch den Geist. Funktioniert die Intuition einwandfrei, dann tut man ganz intuitiv immer das Richtige, das Zweckmäßige und das der jeweiligen Wirklichkeit Entsprechende. Die Intuition ist ein sehr wesentlicher Faktor für die Entfaltung des Menschen. Wer in seiner Wirklichkeit lebt und wessen Bewußtsein somatisiert ist, dem kommen die richtigen Ideen, die richtigen Gedanken und die richtigen geistigen Impulse von selber, ohne daß er sich suchend anstrengen müßte. Wer aber außerhalb seiner Wirklichkeit in einer unwirklichen Innenwelt lebt, wer dauernd träumt, phantasiert, grübelt und unnötig nachdenkt, bei dem ist die Fähigkeit der Intuition blockiert und ausgeschaltet. Und das hemmt natürlich die Entfaltungsfähigkeit.

Eine weitere sehr positive Wirkung der Somatisierung des Bewußtseins besteht darin, daß sie die Überzeugungskraft und die Anziehungskraft der ganzen Persönlichkeit wesentlich steigert. Jeder Mensch hat in sich einen ganz spezifischen Sinn, ein gewisses gefühlsmäßig-intuitives Wahrnehmungsvermögen für den jeweiligen Bewußtseinszustand und die Bewußtseinsverfassung anderer Menschen. Wenn man einem Menschen gegenübertritt, fühlt man meist ganz intuitiv dessen Bewußtseinsverfassung. Ist ein Mensch somatisiert und lebt er daher mit vollem Bewußtsein in seiner tatsächlichen Wirklichkeit, dann empfindet man für ihn eine gewisse Sympathie. Lebt aber ein Mensch in einer unwirklichen Welt negativer und lebensfeindlicher Träume, Phantasien und negativer Emotionen, dann fühlt man ihm gegenüber eine gewisse Abneigung. Das, was man den ersten Eindruck nennt, wird mit diesem spezifischen Sinn für Bewußtseinsverfassungen bestimmt. Zuneigung und Abneigung, Anziehung oder Abstoßung, Überzeugungswirkung oder Gleichgültigkeit, all das nimmt man unbewußt und gefühlsmäßig-intuitiv wahr. Und darauf bauen sich dann auch meist die ganz persönlichen Reaktionsweisen auf, die man anderen Menschen gegenüber zum Ausdruck bringt.

Die Somatisierung des Bewußtseins, also die vollbewußte Anwesenheit beim eigenen Körper, bei den eigenen Bewegungen, bei der natürlichen und sozialen Umgebung und bei der Wirklichkeit, wirkt auf diesen spezifischen Wahrnehmungsbereich durchaus positiv, anziehend und überzeugend. Bei Frauen wirkt die Somatisierung anmutig, interessant und sympathisch. Selbst bei solchen Menschen, die von Natur aus irgendwie häßlich sind, wirkt die Somatisierung sympathisierend und löst bei anderen Menschen einen durchaus interessanten und positiven Eindruck aus. Die gesamte Persönlichkeitswirkung wird durch die Somatisierung des Bewußtseins positiv, sympathisch, interessant, anmutig, überzeugend und beeinflussend.

Und diese Tatsache wirkt automatisch wieder auf die eigene Persönlichkeit zurück.
Ganz besonders tiefgreifende Einflüsse hat die Somatisierung auf das Liebes- und Eheleben und auf die Erziehung der Kinder. Aus einer unwirklichen und entkörperten Bewußtseinslage heraus entstehen die meisten Zwiste, Reibereien und Streitereien zwischen den Liebes- und Ehepartnern. Der in einer unwirklichen und negativen Innenwelt lebende Mensch ist sehr anfällig gegenüber negativen Einflüssen und Erregungen. Schon der kleinste und nichtigste Anlaß kann ihn aus der Ruhe und aus dem Gleichgewicht bringen. Die Folge sind häufige Ärgererlebnisse, Zorn- und Wutausbrüche und sogar lebenszerstörender Haß. Wenn Ehepartner in einer Traum- und Phantasiewelt der Unwirklichkeit leben, dann ist der Ehefrieden sehr häufig gestört.
Das Liebesleben – eine natürliche Quelle höchster Somatisierung – ist immer davon abhängig, ob beide Partner mit vollem Bewußtsein im Körpergefühl aufgehen können. Wo dies nicht der Fall ist, dort ist das Liebesleben unglücklich und unbefriedigend und stößt oft sogar ab. Eine Ehe ohne somatisiertes Liebesleben ist kein „siebenter Himmel", sondern eher ein Grab der Ideale und der wahren Liebe, denn wahre Liebe – auch wenn sie nicht sexuell, sondern mehr auf charakterliche und kameradschaftliche Eigenheiten des Partners aufgebaut ist – bedarf der wiederkehrenden intensiven Somatisierung, wenn sie nicht in die Brüche gehen soll.
Kinder haben einen ganz bestimmten Sinn dafür, ob Erwachsene innerhalb oder außerhalb der tatsächlichen Wirklichkeit leben. Sie folgen immer dem Elternteil, der sein Bewußtsein am besten somatisiert hat. Ein voll somatisierter Mensch

braucht zur Erziehung seiner Kinder keine Gewaltmaßnahmen und keine Schläge, er überzeugt und wirkt einzig und alleine durch seine überzeugende und beeinflussende Persönlichkeit. So hat die Somatisierung des Bewußtseins auf allen Gebieten des Lebens ihre besondere Bedeutung und sie entfaltet überall positive Wirkungen.

SYSTEMATISCHE ÜBUNGEN

ZUR SOMATISIERUNG DES BEWUSSTSEINS

Somatisierung des Bewußtseins ist gleichbedeutend mit einer Verkörperung und gleichzeitigen Verwirklichung des Bewußtseins. Es ist dies ein vollbewußtes Wahrnehmen und Erleben des eigenen Daseins im Körpergefühl und Bewegungsgefühl; und ein gleichzeitiges vollbewußtes Aufgehen in der tatsächlichen Umgebung und in der tatsächlichen Wirklichkeit des HIER, JETZT und SOSEINS. Somatisierung ist also das gerade Gegenteil des Lebens in einer unwirklichen Innenwelt der Träume, der Phantasie, des Grübelns und des unnötigen Denkens und Spekulierens. Der somatisierte Mensch nimmt sich selber und seine tatsächliche Umwelt mit vollem Bewußtsein wahr, und zwar innerhalb seiner natürlichen, persönlichen und sozialen Wirklichkeit. Er geht sozusagen mit seinem ganzen Wesen und mit seiner ganzen Persönlichkeit in dieser Wirklichkeit auf.

Das wirkliche Leben spielt sich immer und überall, unmittelbar und direkt, im jeweiligen NUN ab, also innerhalb der sich ständig verändernden und lebendigen Gegenwart. Leben ist Bewegung und ständige Änderung, ein immerwährender Fluß von Gegenwart zu Gegenwart, von JETZT zu JETZT, von SOSEIN zu SOSEIN. Und da dieses wirkliche Leben in seinem tatsächlichen Ablauf nur intuitiv, also unmittelbar und in der einzigen Form eines tatsächlichen Erlebens und Geschehens wahrgenommen und erfaßt werden kann, haben hier verstandesmäßige Erklärungen und intellektuelle Deutungen keine Wirkung mehr. Das tatsächliche Leben in seiner tatsächlichen Wirklichkeit des HIER, JETZT und SOSEINS kann man in der Tat NUR vollbewußt erleben, erfahren und wahrnehmen, nicht aber erklären und mit den Gedanken erfassen. Daher kann hier auch nur das eigene Erleben und die selbstgemachte Erfahrung die nötige Klarheit bringen. Der einzige gangbare Weg zu einer effektiven Somatisierung des Bewußtseins geht daher über einfühlende Übungen. Wer diese Übungen selber durchführt, sie richtig und intensiv durchführt, erlebt die existenzielle Einheit von Erleben und Wahrnehmung selber und bedarf dann keinerlei verstandesmäßiger Erklärungen und intellektueller Deutungen in dieser Richtung mehr. Wer aber glaubt, seine eigene Wirklichkeit im HIER, JETZT und SOSEIN einzig und alleine durch verstandesmäßige Erklärungen und intellektuelle Deutungen zu begreifen und zu verstehen, geht an der Wirklichkeit vorbei. Er wird zu keiner tatsächlichen Somatisierung kommen, sondern auch weiterhin in seiner unwirklichen Welt des Träumens, Phantasierens, Grübelns und Spekulierens stehenbleiben und damit das eigentliche, das wirkliche Leben verpassen.

Die Tatsache, daß auf diesem Gebiet verstandesmäßige Erklärungen nichts aussagen und intellektuelle Deutungen unwirksam sind, ist der Grund dafür, daß oft von einem Geheimnis der Selbstverwirklichung gesprochen wird, oder von einem Geheimnis der Erleuchtung, der Einweihung, des Erwachens oder der Bekehrung. Für den, der eine Somatisierung und Selbstverwirklichung seines Bewußtseins noch nie erlebt hat, ist das volle Aufgehen im HIER, JETZT und SOSEIN tatsächlich ein gewisses Geheimnis, denn es kann ja weder erklärt noch zutreffend beschrieben werden, was man dabei erlebt, erfährt und wahrnimmt.

Oft ist das unmittelbare Eingehen in den Zustand der vollen Somatisierung und Selbstverwirklichung von einem spontanen Glückserleben begleitet, das manchmal sogar jedes andere, bisher gehabte Glückserleben weit übertrifft. Und dieses intensive Glückserleben und Wohlgefühl hat manchmal sogar eine tiefgehende Wirkung auf die ganze Persönlichkeit und auf den ganzen Menschen. Man fühlt sich auf einmal als ein ganz neuer Mensch und das ganze Denken, das ganze Fühlen und auch das Verhalten ist ein anderes als vorher. Solche tiefgreifende Wesensänderungen aber sollen nicht bewußt und willentlich angestrebt werden, denn erfahrungsgemäß stellen sich automatisch mit jedem bewußten Wollen und zweckorientierten Streben geistige Anstrengungen ein und diese verhindern dann die tatsächliche vollbewußte Somatisierung und Verwirklichung. Auch hier ist das Prinzip der das Gegenteil bewirkenden willentlichen Anstrengung wirksam.

Übungsmäßig anzustreben ist daher nur die ganz einfache aber vollbewußte Somatisierung und Verwirklichung. Nicht aber ein spezieller Bewußtseinszustand der Erleuchtung, der Einweihung, der Erweckung oder der Bekehrung. Die einfache Somatisierung und Verwirklichung läßt sich relativ leicht erreichen. Glückserleben und Wohlgefühl stellen sich dann ganz von selber immer mehr und immer intensiver ein, einfach als eine logische Folge der mit zunehmenden Übungen immer häufiger und immer intensiver werdenden Somatisierung und Verwirklichung des Bewußtseins im jeweiligen HIER, JETZT

und SOSEIN.
Manche Menschen haben es sehr leicht, sich bei den anschließend folgenden Einfühlübungen vollbewußt zu somatisieren und zu verwirklichen. Anderen aber fällt dies zu Beginn etwas schwer. Am schwersten haben es diejenigen, denen ein Leben in einer unwirklichen Innenwelt der Träume, der Phantasie, des Grübelns und des unnötigen Nachdenkens und Spekulierens durch Jahrzehnte hindurch zu einer festen Gewohnheit geworden ist. Solche Menschen glauben, ohne ihr dauerndes Träumen, Phantasieren, Denken und Spekulieren gar nicht mehr leben zu können. Aber auch sie werden das Ziel erreichen, wenn sie nur stufenweise und langsam die einzelnen Übungen lange und intensiv genug durchführen.
Die auf den folgenden Seiten gebrachten Übungsanleitungen sind stufenweise und systematisch aufgebaut. Da sich aber dieses Buch an einen relativ breiten Leserkreis wendet, wurde auf eine regelrechte Methodik mit festem Übungsplan und genau vorgeschriebenen Übungszeiten verzichtet. Das hat den besonderen Vorteil, daß sich jeder ernsthaft interessierte Leser zunächst einmal frei und ungezwungen – je nach Persönlichkeitsstruktur und Übungslust – in das Gebiet der praktischen Somatisierung und Selbstverwirklichung einfühlen kann. Wer sich dann intensiver und methodischer um seine Selbstverwirklichung bemühen will, wird auf Grund der hier gebrachten praktischen Anleitungen selber den richtigen Weg dazu finden: seinen EIGENEN WEG.

1. Übung: Die unmittelbare Somatisierung

Bei der unmittelbaren Somatisierung geht es darum, die gesamte Aufmerksamkeit – und damit das gesamte Bewußtsein – unmittelbar, plötzlich und schlagartig von allem Denken, Phantasieren, Tagträumen, Grübeln und Spekulieren wegzulenken und sie einzig und alleine, voll und ganz, auf den eigenen Körper – auf das Körpergefühl – hinzulenken und dort festzuhalten.

Diese Übung kann praktisch in jeder Körperstellung durchgeführt werden. Ihr Ziel ist es, die Fähigkeit zu erwerben, jederzeit und an jedem Ort, alles Denken, Phantasieren usw. unmittelbar, plötzlich und schlagartig abzuschalten und sich einzig und alleine mit vollem Bewußtsein der eigenen, körperlichen und tatsächlichen Wirklichkeit voll und ganz hinzugeben.

Wenden Sie diese Übung – nachdem Sie sich mehrmals in sie eingefühlt haben – überall dort an, wo Sie sich selber beim Phantasieren, Tagträumen, Grübeln, unnötigen Nachdenken und Spekulieren ertappen. Die Wirkung wird sein, daß Sie selber darüber bestimmen können, wie wach, wie leistungsfähig und wie geistesanwesend Sie sind. Wenn Sie auch nur einige wenige Minuten, voll und ganz mit dem Bewußtsein beim Körpergefühl verweilen, wird sich ihre Wachheit, Ihre gesamte Leistungsfähigkeit und auch Ihre Entfaltungsfähigkeit ganz wesentlich und ganz deutlich wahrnehmbar steigern. Zusätzlich stellt sich ein allgemeines Wohlgefühl ein und alle körperlichen und geistigen Funktionen laufen bedeutend normaler und optimaler ab, als im Zustand der geistigen Abwesenheit durch Phantasieren, Tagträumen usw.

Obwohl diese Übung leicht und einfach durchgeführt werden kann, ganz gleich ob man steht, sitzt oder liegt, stellen sich doch bei verschiedenen Personen – besonders bei innerlich verkrampften und übermäßig angespannten Personen – gewisse Schwierigkeiten ein. Diese bestehen darin, daß wohl die unmittelbare, plötzliche und schlagartige Umschaltung leicht gelingt, sich aber schon nach kurzer Zeit das Phantasieren, Tagträumen, Grübeln, unnötige Denken und Spekulieren ganz von selber wieder einstellt und dadurch das Verweilen des vollen Bewußtseins beim Körpergefühl mehr oder weniger verhindert und gestört wird. Wo dies der Fall ist, kann die nun folgende Hilfsübung der Somatisierung mit Entspannung die nötige Abhilfe schaffen.

Geistige Leerlauftätigkeiten wie Phantasieren, Träumen, Grübeln, Spekulieren und unnötiges Nachdenken sind bei innerlich verkrampften und in einer gewissen Spannung lebenden Personen immer mit einer Anspannung der Ausdrucksmuskulatur verbunden. Daher bewirkt eine systematische Entspannung der Ausdrucksmuskeln gleichzeitig ein Verschwinden geistiger Leerlauftätigkeiten. Und diesen Effekt wollen wir nun dazu verwenden, das störende Denken, Phantasieren, Träumen, Grübeln und Spekulieren soweit abzuschalten, daß die Übung der unmittelbaren Somatisierung voll und ganz gelingen kann.

2. Übung: Somatisierung mit Entspannungshilfe

Die Grundstellung: Stellen Sie sich aufrecht und gerade in die Mitte eines ruhigen und leicht abgedunkelten Zimmers. Die beiden Beine stellen Sie, etwa 30 cm voneinander entfernt, fest auf den Boden. Die beiden Arme und Schultern lassen Sie ganz locker und völlig entspannt herunterhängen. Den Kopf halten Sie aufrecht und gerade, ohne ihn aber in irgendeiner Weise anzuspannen. Den Blick richten Sie geradeaus, leer und ohne festen Blickpunkt. Die Atmung lassen Sie ganz von selber geschehen, so, wie sie eben ganz von selber geschieht. Die Gedanken lassen Sie einfach weiterziehen, ohne irgendeinem bestimmten Gedanken auch nur die geringste Aufmerksamkeit zu geben. Üben Sie das Ganze mehrmals durch, damit Sie diese Grundstellung zu jeder Zeit frei einnehmen können, ohne erst noch im Buch nachsehen zu müssen.

Die Entspannung: Lenken Sie nun Ihre Aufmerksamkeit auf die beiden Arme und auf die Schultern und fühlen Sie sich in die Arme und Schultern hinein. Fühlen Sie einzig und alleine die Arme und die Schultern – und fühlen Sie, wie die Arme von den Schultern bis zu den Fingerspitzen, ganz entspannt und schwer herunterhängen. Wenn Sie das richtig machen, werden Sie schon nach wenigen Augenblicken in den Armen und Schultern eine gewisse Schwere, ein ganz deutliches Schweregefühl wahrnehmen. Nun lenken Sie Ihre ganze Aufmerksamkeit auf den Unterkiefer und entspannen ihn soweit, daß er etwas nach unten sinkt und sich dabei ganz von selber der Mund ein klein wenig öffnet. Fühlen Sie sich nun ganz in den Unterkiefer hinein und Sie werden feststellen, daß sich

auch hier ein gewisses Schweregefühl einstellt. Nun lenken Sie die Aufmerksamkeit auf die Gesichtsmuskeln und entspannen auch diese so gut es geht. Dabei sinkt der Unterkiefer noch ein wenig tiefer herab und der Mund öffnet sich noch etwas weiter. Gleichzeitig senken sich die Augenlider ein wenig und die Augen fallen dadurch etwa halb zu. Wenn Sie sich nun ganz in die Gesichtsmuskeln hineinfühlen, dann stellt sich auch hier bald ein ganz deutliches Schweregefühl ein. Die Entspannung der Ausdrucksmuskulatur ist damit erreicht.
Üben Sie auch das alles, in allen Einzelheiten, so oft ein, bis Ihnen die Entspannung der Ausdrucksmuskulatur jederzeit frei aus dem Gedächtnis gelingt. Nehmen Sie dabei auch jedesmal die Grundstellung ein. Erst dann, wenn Sie sowohl die Grundstellung als auch die Entspannung der Ausdrucksmuskulatur voll und ganz beherrschen, gehen Sie weiter zur Somatisierung.

Die Somatisierung: Wenn Sie die Entspannung Ihrer Ausdrucksmuskulatur richtig durchgeführt haben, dann muß sich in den Armen, in den Schultern, im Unterkiefer und in den Gesichtsmuskeln ein ganz deutliches Schweregefühl wahrnehmen lassen. Sobald dies der Fall ist, entspannen Sie auch die Augenmuskeln, so daß nun die Augen ganz von selber zufallen. Dies soll ganz langsam geschehen und nicht etwa in der Form eines willentlichen Schließens der Augen. Wenn Sie die Augenmuskeln bei richtig entspannten Gesichtsmuskeln entspannen, dann gleiten die Lider ganz von selber herunter und schließen die Augen. Sobald sich Ihre Augen geschlossen haben, lenken Sie Ihre ganze Aufmerksamkeit – und damit Ihr ganzes Bewußtsein – voll und ganz auf den Körper, auf das Körpergefühl, auf die vollbewußte Wahrnehmung des ganzen Körpers. Verweilen Sie nun etwa 2 bis 3 Minuten lang einzig und alleine beim Körpergefühl. Nehmen Sie den GANZEN Körper vollbewußt wahr und erleben Sie sich als eine tatsächliche Einheit von Bewußtsein und Körper. Sie werden dabei bemerken, daß in diesem Zustand der Einheit von Bewußtsein und Körper alle geistigen Leerlauffunktionen, wie Denken, Phantasieren, Träumen, Grübeln und Spekulieren restlos verschwunden sind. Sie erleben sich nur noch als eine existenzielle Einheit von Bewußtsein und Körper, von Wahrnehmung und Körpergefühl.

Sobald Sie das Empfinden haben, daß die Zeit von etwa 2 bis 3 Minuten vergangen ist (dieses Empfinden stellt sich ganz von selber ein!), nehmen Sie die Entspannung wieder zurück, wie folgt: 1. Atmen Sie einmal tief aus und öffnen Sie die Augen. 2. Recken und strecken Sie sich am ganzen Körper. 3. Öffnen Sie den Mund und gähnen Sie tief durch. Nun ist die Übung beendet.

Wenn Ihnen diese Übung der Somatisierung mit Entspannungshilfe zu verschiedenen Zeiten mehrmals gut gelungen ist, dann wird Ihnen auch die unmittelbare Somatisierung (1. Übung) jederzeit und in jeder Körperstellung voll und ganz gelingen.

3. Übung: Die Somatisierung beim Gehen

Während sich beim Liegen, Sitzen oder Stehen das Körpergefühl als ein passives Daseinsgefühl wahrnehmen läßt, verwandelt es sich beim Gehen – wie auch bei anderen Bewegungen – in ein aktives und dynamisches Bewegungsgefühl. Und um das vollbewußte Wahrnehmen und Verweilen bei diesem dynamischen Bewegungsgefühl handelt es sich bei der Somatisierung beim Gehen. Diese Übung ist spielend leicht in ihrer Durchführung. Sie besteht darin, daß man beim Gehen sein ganzes Bewußtsein voll und ganz, einzig und alleine, nur beim eigenen Bewegungsgefühl, also beim Wahrnehmen des Gehens hat. Dabei erlebt man sich vollbewußt als eine funktionelle Einheit von Wahrnehmung, Bewußtsein und Gehbewegung. Das Gehen selber, das Wahrnehmen des Gehens, das Bewegungsgefühl beim Gehen und das ganze Bewußtsein sind bei dieser Übung eine Einheit. Man ist also einzig und alleine beim Gehen.

Das Gegenteil der Somatisierung beim Gehen ist das Denken, Phantasieren, Tagträumen, Grübeln und Spekulieren, wobei man das eigentliche Bewegungsgefühl, also das dynamische Körpergefühl gar nicht, oder nur noch so ganz nebenbei am Rande des Bewußtseins, wahrnimmt. Und gerade das tun die meisten Menschen, wenn sie gehen. Die Folgen sind: geringe Wachsamkeit, schnelle Ermüdung, geistige Abwesenheit, geringe Leistungs- und Energiebereitschaft und alle die negativen Folgen eines dauernden Lebens in einer unwirklichen Innenwelt.

Hat man beim Gehen – wie auch bei anderen Bewegungen – sein Bewußtsein voll somatisiert, dann funktionieren alle körperlichen und geistigen Fähigkeiten optimal. Schon ein kleiner Spaziergang von 15 bis 30 Minuten, bei voller Somatisierung des Bewußtseins, kann eine verblüffende Wirkung haben: man wird frisch, aktiv, unternehmungslustig und bekommt eine heiter-gelassene und beglückende Grundstimmung der Lebens- und Entfaltungsfreude.

Diese Übung der vollen Somatisierung beim Gehen, soll nicht nur versucht, sondern mindestens eine Woche lang täglich mehrmals durchgeführt werden. Erst dann hat man das richtige Gefühl dafür, tatsächlich mit ganzem Bewußtsein zu gehen, weiter nichts zu tun, als zu gehen. Die positiven Wirkungen steigern sich dabei von Übung zu Übung immer mehr. Manchmal stellt sich bei dieser Übung ganz von selber ein regelrechtes Glücksgefühl ein und eine, das ganze Wesen durchdringende Lebensfreude; besonders dann, wenn man schon viele Jahre hindurch die negative Gewohnheit hatte, beim Gehen dauernd geistige Leerlauffunktionen ablaufen zu lassen, wie: unnötiges Nachdenken, Grübeln, Spekulieren oder gar Phantasieren und Träumen. Mit zunehmenden Übungen steigert sich immer mehr die Lust, dieses volle Somatisiertsein beim Gehen dauernd anzuwenden. Und dadurch wird es schon bald zu einer festen und durchaus positiven Gewohnheit.

4. Übung: Die Somatisierung beim Essen

Es ist eine medizinisch bewiesene Tatsache, daß sich mit dem Essen tatsächlich nur eines verträgt: ESSEN. Richtig und gesund zu „essen“, das bedeutet, daß man mit vollem Bewußtsein beim Essen ist. Essen und Zeitunglesen, Essen und Fernsehen, Essen und Radiohören, Essen und Sprechen, Essen und Arbeiten oder gar: Essen und Autofahren, das verträgt sich nicht. Während des Essens nur beim Essen sein; vollbewußt beim Geruch und Geschmack der Speisen sein; vollbewußt beim Körper- und Bewegungsgefühl sein, soweit es das Essen selber betrifft; im Erleben und Geschehen des Essens mit vollem Bewußtsein aufgehen; das nennt man Somatisierung beim Essen. So ist das Essen eine gesunde Tätigkeit; so stellt sich der Magen richtig auf die jeweiligen Speisen ein; so werden Verdauungsbeschwerden vermieden; so werden negative Emotionen beim Essen verhindert; so schützt man sich am besten vor einem Magengeschwür; so gedeiht der Körper optimal. Die Somatisierung des Bewußtseins beim Essen hat viele, viele Vorteile. Sie brauchen nur einmal Ihren Arzt zu fragen; er wird es Ihnen bestätigen, daß sich mit dem Essen tatsächlich nur das Essen verträgt, das vollbewußte Essen.

Wer es schon jahrelang oder gar jahrzehntelang gewöhnt ist, beim Essen immer etwas anderes zu tun, wem daher das vollbewußte Essen ungewohnt vorkommt, der soll damit beginnen, zuerst einmal jeden Tag nur eine einzige Mahlzeit vollbewußt und mit ganzer Aufmerksamkeit einzunehmen. Schon bald wird ihm dann das vollbewußte Essen zu einer festen Gewohnheit werden.

5. Übung: Die Somatisierung beim Arbeiten

Es gibt wenige Arbeiten, die rein körperlicher Natur sind. Und es gibt noch weniger, die rein geistiger Natur sind. Die meisten Arbeiten und Tätigkeiten sind körperlich-geistiger Natur. Daher gelingen nahezu alle Arbeiten und Tätigkeiten dann am besten, wenn man sowohl körperlich wie auch geistig über seine volle Leistungsfähigkeit verfügt. Und darüber verfügt man immer und überall nur dann, wenn man bei der Sache ist, wenn man eine Aufmerksamkeit und sein Bewußtsein bei dem hat, was man gerade tut. Die Somatisierung des Bewußtseins spielt daher bei den meisten Arbeiten und Tätigkeiten eine bedeutende und entscheidende Rolle. Es gibt sogar viele Arbeiten und Tätigkeiten, die nur bei voller Anwesenheit von Aufmerksamkeit und Bewußtsein einwandfrei und zufriedenstellend gelingen.

Die Somatisierung des Bewußtseins beim Arbeiten besteht darin, daß man immer und überall mit voller Aufmerksamkeit und vollem Bewußtsein bei dem ist, was man gerade tut. Bei körperlichen oder überwiegend körperlichen Arbeiten und Tätigkeiten richtet man die Aufmerksamkeit und das Bewußtsein überwiegend auf das Körpergefühl und Bewegungsgefühl. Das aber immer so, wie es die jeweilige Arbeit und Tätigkeit gerade verlangt. Und das bedeutet, daß die Aufmerksamkeit und das Bewußtsein immer gerade bei den Körperteilen sein soll, die an einer Arbeit oder Tätigkeit beteiligt sind. Das ist besonders dann sehr wichtig, wenn an Maschinen oder Geräten gearbeitet wird, die bei einer Abwesenheit von Aufmerksamkeit und Bewußtsein eine Unfallgefahr bedeuten können.

Die Somatisierung beim Arbeiten soll aber nicht nur rein

zweckorientiert sein, also nicht nur deshalb durchgeführt werden, damit eine Arbeitsleistung gut gelingt, oder damit eine Unfallgefahr möglichst ausgeschaltet wird. Vielmehr dient die übungsmäßige Durchführung der Somatisierung dazu, daß die eigene Selbstverwirklichung immer umfassender durchgeführt wird und sich dadurch ein optimales Glückserleben, ein optimaler Gesundheitszustand und eine optimale Entfaltungsfähigkeit einstellen können. Viele Menschen leiden sehr darunter, daß ihnen ihre berufliche Arbeit und Tätigkeit keinerlei Freude macht. Und wenn man dann näher hinsieht, stellt man fest, daß es ja gar nicht anders sein kann, weil sie bei ihrer Arbeit und Tätigkeit ja gar nicht anwesend sind, gar nicht vollbewußt dabei sind. Und das hat zur Folge, daß Unlustgefühle, Müdigkeit, Mangel an Energie und Leistungsfähigkeit, geringe Wachsamkeit und viele andere negative Faktoren wirksam werden.

Wenn man bei der Durchführung von Arbeiten und Tätigkeiten nicht bei der Sache ist, wenn man mit seinem Bewußtsein abwesend ist, oder wenn man gar zwei Tätigkeiten zugleich ausüben will, dann stellen sich immer ganz automatisch die verschiedensten negativen Begleiterscheinungen ein. Und diese verhindern dann, daß man bei einer Arbeit oder Tätigkeit tatsächlich Freude und Lust erlebt. Arbeiten und gleichzeitig über den Urlaub nachdenken; Arbeiten und das Bewußtsein bei den häuslichen Sorgen haben; Arbeiten und an den Film von gestern abend denken; Arbeiten und zugleich die Arbeit hassen; Arbeiten und sich über anstrengende, geistige Probleme unterhalten; Arbeiten und zugleich mit der Phantasie beim Fußballspiel sein; diese, und viele, viele weitere geistige Abwesenheitsmerkmale sind schuld daran, wenn sich beim Arbeiten eine schnelle Ermüdung, eine gewisse Unlust, ein Nachlassen von Energie und Leistungsfähigkeit und viele andere, negative Begleiterscheinungen einstellen.

Jede Arbeit und jede Tätigkeit kann Lust und Freude machen, wenn man tatsächlich mit voller Aufmerksamkeit, mit vollem Bewußtsein und mit voller Anteilnahme der ganzen Persönlichkeit bei der Sache ist – bei dem, was man gerade tatsächlich tut. Bei solchen Arbeiten und Tätigkeiten, die rein oder überwiegend geistiger Natur sind, ist eine optimale Somatisierung noch wichtiger, da ja die geistigen Fähigkeiten nur dann voll und ganz verfügbar sind, wenn das Bewußtsein somatisiert ist. Hier ist besonders die Abwechslung zwischen einer vollen Somatisierung mit rein intuitiver Wahrnehmung und einer tatsächlich voll konzentrierten Denkarbeit sehr wirksam und nützlich. Wenn man sich stundenlang – ohne jedes Körper- und Bewegungsgefühl – einer reinen Gedankenarbeit hingibt, sinkt die Wachsamkeit und die geistige Leistungsfähigkeit ganz wesentlich ab. Schaltet man aber zwischendurch immer wieder eine Zeitspanne intensiver Vollsomatisierung ein, dann arbeitet die Intuition und es geht alles viel leichter. Sehr oft kommen gerade während einer Vollsomatisierung, bei der man die ganze Aufmerksamkeit und das ganze Bewußtsein einzig und alleine auf das Körper- und Bewegungsgefühl lenkt und dort – vielleicht nur 10 oder 15 Minuten lang – festhält, die gesuchten Lösungen, Ideen, Gedanken und Einfälle ganz von selber. Diese Praktik ist ganz besonders bei allen möglichen schöpferischen Arbeiten sehr wirksam. Wenn das Denken, Spekulieren und Phantasieren nicht mehr hilft, dann hilft immer noch die Intuition. Diese aber wird voll und ganz NUR im Zustand der Vollsomatisierung des Bewußtseins

wirksam. Dann aber arbeitet sie ganz von selber und sehr oft mit den verblüffendsten Ergebnissen. Abschalten können und sich voll somatisieren, das ist die Erfolgsformel bei allen geistigen oder überwiegend geistigen Arbeiten.
Da der Mensch den ganzen Tag über unzählige Arbeiten, Tätigkeiten und Verrichtungen durchführt, ist hier das eigentliche Hauptübungsfeld der Somatisierung des Bewußtseins. Jede einzelne Somatisierungsübung, ganz gleich wo, wie und wann, ist ein Schritt zur Selbstverwirklichung. Je mehr man sich übt – ohne aber zu übertreiben – um so früher wird das vollbewußte Leben innerhalb der tatsächlichen Wirklichkeit zur Gewohnheit.

6. Übung: Die Somatisierung beim Autofahren

Das Autofahren ist eine sehr komplexe Tätigkeit. Viele verschiedene körperliche und geistige Funktionen spielen dabei eine Rolle. Sie kann daher nur dann optimal – und mit dem geringsten Gefahrenrisiko – durchgeführt werden, wenn die volle Aufmerksamkeit und das ganze Bewußtsein tatsächlich anwesend ist. Die meisten Autofahrer aber haben die Gewohnheit, beim Fahren alle möglichen und unmöglichen geistigen Leerlauffunktionen ablaufen zu lassen und sich mit Dingen zu beschäftigen, die mit dem Autofahren nicht das geringste zu tun haben. Die logischen Folgen davon sind: eine nur geringe Wachsamkeit, eine schnelle Ermüdung, eine mangelhafte Aufmerksamkeit, eine nur geringe und verzögert einsetzende Reaktionsfähigkeit, negative Stimmungen und Emotionen und viele weitere unliebsame Folgeerscheinungen einer geisti-

gen Abwensenheit und inneren Gespaltenheit.
Es gibt viele Dinge, die das Autofahren stören und damit die Unfallgefahr bedeutend erhöhen. Mit dem Autofahren verträgt sich tatsächlich NUR EINES: AUTOFAHREN! Aber trotzdem wird während des Autofahrens – selbst bei hohen und höchsten Geschwindigkeiten – über Dinge nachgedacht, die mit dem Autofahren nichts zu tun haben; es wird überlegt und spekuliert; es werden unwirkliche Situationen geträumt und phantasiert; es wird an schöne Mädchen gedacht und von Liebesabenteuern geträumt; es werden genaue Urlaubspläne gemacht; es werden Steuer- und Finanzprobleme gewälzt; es werden gestaute Wut- und Ärgeremotionen in der Phantasie- und Traumwelt abreagiert; und dann wundert man sich, wenn der Körper darauf reagiert und man plötzlich bemerkt, wie man nicht mehr so ganz Herr über den Wagen ist. Wird man dabei auch noch von anderen Verkehrsteilnehmern darauf hingewiesen, daß man unsicher, rücksichtslos und verkehrswidrig fährt, dann wird geschimpft und getobt. Dieses Schimpfen aber, ist weiter nichts, als die Folge des plötzlichen Herausgerissenwerdens aus einer Traum- und Phantasiewelt.
Es steht fest, daß die weitaus meisten Verkehrsunfälle dadurch ausgelöst werden, weil man nicht bei der Sache ist, nämlich beim Autofahren, sondern ganz woanders, nämlich in einer Welt des Nachdenkens, des Grübelns, des Träumens und des Phantasierens. Befinden sich noch weitere Insassen im Wagen, dann geschieht das alles natürlich laut in der Form von Gesprächen und Unterhaltungen. Und dies ist dann lediglich noch eine zusätzliche Steigerung des Unfallrisikos.

Die tatsächliche und volle Anwesenheit der Aufmerksamkeit und des Bewußtseins beim Autofahren hat nicht nur die positiven Wirkungen eines vollbewußten Erlebens und Wahrnehmens der tatsächlichen Wirklichkeit; es hat darüber hinaus auch noch eine ganz wesentliche Schutzwirkung gegen Unfälle.

Beim Autofahren DA zu sein, voll anwesend zu sein, mit voller Aufmerksamkeit die Fahrbahn wahrzunehmen, mit dem Gefühl beim Körper und beim Wagen zu sein, das alles als Gesamterlebnis des vollbewußten Autofahrens, das ist: SOMATISIERUNG BEIM AUTOFAHREN. Die automatisch eintretenden Wirkungen sind – wie bei jeder anderen Somatisierung – immer positiv. Volle Wachsamkeit, volle körperliche und geistige Leistungsfähigkeit und optimale Fahrsicherheit sind nur einige dieser Wirkungen.

Ein Rat für längere, anstrengende Fahrten: Halt machen, aussteigen und 10 Minuten lang vollsomatisiert spazierengehen. Das macht frisch, wach, reaktionssicher, erzeugt Wohlgefühl und Lebensfreude und steigert die gesamte Leistungsfähigkeit.

SPEZIELLE ÜBUNGEN

ZUR STEIGERUNG DER KONZENTRATION

Die bisher gebrachten Übungen richteten sich in der Hauptsache auf das vollbewußte Einfühlen in die erlebbare Wirklichkeit des eigenen Körper- und Bewegungsgefühls. Dieses eigene Körper- und Bewegungsgefühl ist die eigentliche Grundlage des vollbewußten Erlebens der GANZEN Wirklichkeit. Auf dieser Grundlage aufbauend wollen wir nun durch weitere Übungen dazu übergehen, stufenweise zum vollbewußten Erleben der GANZEN Wirklichkeit zu kommen. Diese ganze Wirklichkeit besteht, außer dem Körper- und Bewegungsgefühl, auch noch aus dem vollbewußten Erleben und Wahrnehmen der sinnlich erfaßbaren Umgebung und aus dem vollbewußten Erleben und intuitiven Wahrnehmen der raum-zeitlichen Wirklichkeit des HIER, JETZT und SOSEINS.

Zunächst folgen zwei Übungen, die sich mit dem Einfühlen in das vollbewußte Wahrnehmen der äußeren Umgebung beschäftigen. Dann folgt eine spezielle Übung im vollbewußten Lesen. Alle drei Übungen zusammen dienen außer ihren ganz speziel len Wirkungen auch gleichzeitig der Schulung und Steigerung der bewußten Aufmerksamkeit. Die Aufmerksamkeit des halbbewußten, halbwachen und geistesabwesenden Menschen wird meist vom reinen Zufall gelenkt. Sie richtet sich – je nach den zufällig sich ergebenden Sinnesreizen – einmal dahin, dann wieder dorthin. Sie schwankt also innerhalb eines Zufallfeldes dauernd hin und her. Nun soll diese Aufmerksamkeit ganz bewußt gelenkt und konzentriert werden.

7. Übung: Volle Wahrnehmung des Gesichtsfeldes

Diese Übung besteht darin, daß man seine gesamte Aufmerksamkeit einzig und alleine auf das Gesichtsfeld richtet und dort für einige Minuten festhält. Das kann auf vielerlei Art und Weise geschehen. Hier einige praktische Anregungen als Beispiele:

1. Man sitzt auf einer Bank im Park und betrachtet einen Baum. Dabei lenkt man seine ganze Aufmerksamkeit einzig und alleine auf den Baum und verweilt ununterbrochen etwa 3 bis 4 Minuten lang bei der vollbewußten Betrachtung des Baumes. Man läßt sich von nichts anderem ablenken, man achtet auf nichts anderes, als eben auf den Baum. Dieses Betrachten aber darf tatsächlich nur ein vollbewußtes und bildhaftes Betrachten sein, ohne in Worten zu denken, ohne sich selber irgendwie gedanklich oder vorstellungsmäßig mit dem Baum in Beziehung zu setzen und ganz ohne jede andere geistige Tätigkeit als eben der des vollbewußten Betrachtens, des vollbewußten Wahrnehmens. Man könnte es auch so nennen: Das Betrachtete und Wahrgenommene, die Tätigkeit des Betrachtens und Wahrnehmens und das Bewußtsein des Wahrnehmenden sind eine erlebnismäßige Einheit.
2. Dasselbe läßt sich mit Bildern, Kunstwerken und künstlerischen Gegenständen durchführen. Besonders in Kunstausstellungen, Bildersammlungen und Museen.
3. In der freien Natur eignen sich viele Dinge: eine Blume, ein Bach, ein Fluß, ein Berg, eine Bergkette, ein See, das Meer, eine hervorstechende Wolkenformation, eine Wiese, ein Feld, ein Wald, eine Baumgruppe, ein Busch oder eine Buschgruppe.
4. In einer Stadt eignen sich große Gebäude (womöglich ohne

Reklamebeschriftung), ein Brunnen, eine einsame Bank im Park, eine Kirche, ein Turm, ein Denkmal oder Monument.

5. Auch im eigenen Haus eignen sich viele Gegenstände. Ein Bild an der Wand oder ein Bild aus einem Buch, eine Blumenvase, Möbelstück, ein Kunstgegenstand oder ein Gardinenmuster.

Bei den ersten zehn bis zwanzig Übungen soll es sich immer um einen feststehenden Gegenstand handeln. Erst dann, wenn man lebendig erfühlt hat, worauf es beim vollbewußten Wahrnehmen des Gesichtsfeldes ankommt und wenn man das Gefühl hat, daß man tatsächlich eine volle und intuitive Erlebniseinheit erlebt hat, kann man dazu übergehen, auch bewegte Dinge mit vollem Bewußtsein wahrzunehmen, wie etwa den Straßenverkehr, die Menschenmenge auf einem Platz, Tiere, einzelne Menschen, einzelne Fahrzeuge oder auch Maschinen. Wichtig bei dieser Übung ist, daß keinerlei Denken, keinerlei gedankliches Sprechen, keinerlei Lesen und keinerlei Phantasie oder Träumerei mitspielt, sondern einzig und alleine ein reines, intuitives Wahrnehmen und beschauliches Betrachten. Bei den ersten Übungen kann das Gefühl auftauchen, als sei man innerlich ganz leer und als würde da irgend etwas fehlen und abgehen. Dieses Gefühl kommt besonders dann vor, wenn man die Gewohnheit hat, sich dauernd mit allem und jedem persönlich in Beziehung zu setzen. Aber schon bald bemerkt man, daß solche Übungen ruhig und gelassen, heiter und beschaulich machen. Und man bemerkt auch, daß diese Übungen einen sehr positiven Einfluß auf die Konzentrationsfähigkeit und auf die Steigerung der Aufmerksamkeit haben.

Solche Übungen der bewußten Wahrnehmung des Gesichtsfeldes sollen grundsätzlich nur in der Freizeit durchgeführt werden. Sie vertragen sich aber auf gar keinen Fall mit Arbeiten oder gar Autofahren. Und auch nicht mit Essen oder anderen Tätigkeiten.

8. Übung: Volle Wahrnehmung des Gehörfeldes

Der Mensch ist immer von vielerlei Geräuschen umgeben, auch wenn er oft gar nicht darauf achtet. Er bewegt sich dauernd in einem gewissen Schallfeld, das sich – wie z.B. in einer Großstadt – aus tausenderlei verschiedenen Einzelgeräuschen zusammensetzt. Eine sehr gute Übung zur Steigerung der Konzentrationsfähigkeit und der Aufmerksamkeit ist es, sich während einiger Minuten einzig und alleine mit der vollbewußten Wahrnehmung des Gehörfeldes zu beschäftigen. Dabei ist es zweckmäßig, den Blick ganz leer auf eine gleichfarbige Fläche zu richten oder aber ihn ganz einfach absichtslos in der Gegend herumschweifen zu lassen. Sobald nämlich der Blick an irgendeinem Gegenstand haften bleibt, oder gar einem sich bewegenden Gegenstand folgt, wird die Aufmerksamkeit vom Gehör- und Schallfeld abgelenkt und dafür auf das Gesichtsfeld hingelenkt. Und das soll bei dieser Übung vermieden werden.
Auch diese Übung soll als eine gewisse Einheit erlebt werden. Etwa so, daß das wahrgenommene Schallfeld, die Tätigkeit des hörenden Wahrnehmens und das eigene, wahrnehmende Bewußtsein eine erlebnismäßige Einheit bilden. Wird dies richtig gemacht, dann treten Gedanken, Vorstellungen und andere Störungen erst gar nicht auf.

Wie die Übung der vollen Wahrnehmung des Gesichtsfeldes, so soll auch diese Übung nur in der Freizeit durchgeführt werden. Sie verträgt sich ebensowenig mit Essen, Arbeiten, Autofahren oder einer anderen Tätigkeit, wie die vorhergegangene Übung. Beide Übungen – die 7. und 8. Übung – können auch abwechselnd hintereinander durchgeführt werden. Um aber Unlustgefühle auf jeden Fall zu vermeiden, soll die Gesamtübungszeit nicht über 15 Minuten ausgedehnt werden.

9. Übung: Das konzentrative Lesen

Wohl eine der besten und wirksamsten Übungen der Konzentrationsfähigkeit, des klaren Denkens und der Aufmerksamkeit ist das konzentrative Lesen. Diese Übung hat auch noch eine sehr angenehme Zusatzwirkung: Sie schult und verbessert die sprachliche Ausdrucksfähigkeit. Die Übung des konzentrativen Lesens ist zwar leicht und einfach durchführbar, soll aber zeitlich nicht übertrieben werden. Wer es nämlich nicht gewohnt ist, seine Aufmerksamkeit eine längere Zeit hindurch bei ein und derselben Sache festzuhalten, kann bei längerdauernden konzentrativen Leseübungen Unlustgefühle bekommen. Das aber muß unbedingt vermieden werden. Aus diesem Grunde soll das konzentrative Lesen jeweils nur fünf Minuten lang durchgeführt werden.

Zur Durchführung dieser Übung nehmen Sie ein Buch – womöglich mit uninteressantem Text – und lesen nun volle fünf Minuten lang nach den folgenden Anweisungen:

1. Lesen Sie langsam, extrem langsam jede einzelne Silbe. Tat-

säch-lich je-de ein-zel-ne Sil-be ganz lang-sam le-sen.
2. Lesen Sie dabei deutlich, ganz deut-lich. Und das bedeutet, daß auch jede einzelne Wortendung deutlich gelesen wird. Beim normalen Sprechen verschlucken die meisten Menschen die Wortendungen: habn, gebm, machn, usw. Beim konzentrativen Lesen aber werden alle Wortendungen ganz deutlich gelesen: ha-bEN, ge-bEN, las-sEN, mach-EN usw.
3. Lesen Sie mit Mundbewegungen und mit Atmung, aber ohne Ton. Also ganz genauso, wie wenn Sie laut lesen würden, aber ohne einen Ton hörbar werden zu lassen. Dieses tonlose Lesen mit Mundbewegungen und Atmung darf aber auch kein Flüstern sein.
4. Lesen Sie auf diese Art und Weise volle fünf Minuten lang. Und zwar: mit Ihrer VOLLEN Aufmerksamkeit, mit Ihrer VOLLEN Konzentration, mit der VOLLEN Anteilnahme Ihrer ganzen Persönlichkeit. In Ihrem Bewußtsein darf bei dieser Übung tatsächlich nur EINES wahrgenommen werden: das langsame und deutliche Lesen.
5. Achten Sie bei dieser Übung nicht auf den Sinn oder Inhalt des Gelesenen, sondern einzig und alleine auf den Vorgang, auf die vollbewußte Tätigkeit des Lesens, des ganz langsamen und ganz deutlichen Lesens.
Beim normalen und oberflächlichen Lesen wird Ihre Aufmerksamkeit vom Sinn und Inhalt des Lesestoffes, vom Gelesenen gelenkt. Bei dieser Übung aber machen Sie sich davon frei und lenken Ihre volle Aufmerksamkeit SELBER. Sie lassen sich nicht vom Sinn und Inhalt des Gelesenen einfangen und befangen machen, sondern Sie bleiben während des ganzen Lesevorganges selber Herr Ihrer Aufmerksamkeit. Und dadurch macht diese Übung – wiederholt durchgeführt – Ihr Denken

frei und unbefangen.
Bei dieser Übung bemerken Sie, wie die Gewohnheit des schnellen und oberflächlichen Lesens Sie dazu verführen will, schneller und weniger konzentriert zu lesen. Lassen Sie sich hier nicht ablenken und nicht beeinflussen. Bleiben Sie beim langsamen, beim EXTREM langsamen Lesen; und bleiben Sie beim deutlichen Lesen, beim EXTREM deutlichen Lesen. Die Übungszeit von nur fünf Minuten ist nicht lange, sie kann leicht durchgehalten werden. Und schon nach wenigen Übungen gelingt es Ihnen immer leichter und immer vollkommener, diese Übung richtig und voll konzentriert durchzuführen.
Diese Übung soll zunächst einmal eine volle Woche lang täglich einmal durchgeführt werden. Schon eine einzige Übungswoche steigert die Konzentrationsfähigkeit ganz deutlich fühlbar. Bei Bedarf kann die Übung natürlich jederzeit wiederholt werden.

DAS RICHTIGE GEFÜHL

FÜR DIE VOLLE WIRKLICHKEIT

Das Leben eines jeden Menschen – auch Ihr persönliches Leben – spielt sich immer und überall in einer raum-zeitlichen Wirklichkeit ab. Diese raum-zeitliche Wirklichkeit ist aber immer und überall: HIER! JETZT! Der moderne Mensch ist es gewohnt, in Zeiteinheiten zu denken. Er denkt in Sekunden, Minuten, Stunden, Tagen, Wochen, Monaten und Jahren. Er denkt und plant zeitlich voraus. Er sieht zeitlich die Vergangenheit zurück. Er sorgt sich sogar im voraus; und er ärgert sich über längst Vergangenes und Verflossenes. Dabei vergißt er aber, daß er immer und überall in einer lebendigen Dimension lebt, in einem ständigen Weiterschreiten von Gegenwart zu Gegenwart, von Augenblick zu Augenblick, von JETZT zu JETZT.

Die menschlichen Zeitbegriffe, die eigentlich nur Hilfsmittel sind, um das JETZT der Vergangenheit mit dem JETZT der Gegenwart, also der Wirklichkeit zu vergleichen, haben innerhalb der LEBENDIGEN Dimensionen des tatsächlichen JETZT keinerlei praktische Bedeutung. Das gegenwärtige, das tatsächliche und wirkliche JETZT ist die einzige Existenz, die einzige Wirklichkeit, das einzige Ewige, Allgegenwärtige und Allmächtige.

Es hat zu allen Zeiten nur eine einzige Wirklichkeit gegeben.

Und es gibt jetzt nur eine einzige Wirklichkeit. Und es wird in aller Zukunft nur eine einzige Wirklichkeit geben. Nämlich das ewige und immer wirkliche JETZT. Alles, was je geschehen ist, geschah in der Wirklichkeit eines JETZT. Und alles, was jetzt geschieht, geschieht in diesem JETZT. Und alles, was jemals in Zukunft geschehen wird, wird immer in der Wirklichkeit eines JETZT geschehen. Und dieses JETZT ist die einzige Wirklichkeit.

Vom Anbeginn alles Seins bis zum Ende alles Seins zieht sich, unverändert in seinem wirklichen Wesen, dieses JETZT durch alle Zeiten. Es ist eben in diesem Augenblick so wirklich und gegenwärtig, wie es vor hundert Millionen Jahren wirklich und gegenwärtig war. Und es wird in weiteren hundert Millionen Jahren genauso wirklich und gegenwärtig sein, wie wir es jetzt in eben diesem Augenblick wahrnehmen und erleben.

Die hochgezüchtete Phantasie des modernen Menschen – und sie ist sein eigentlicher Hauptfeind – ermöglicht es ihm, in ein und demselben Augenblick mit dem Körper hier in der tatsächlichen Wirklichkeit des JETZT zu sein und mit seinem Bewußtsein gleichzeitig ganz woanders zu sein, nämlich in der Unwirklichkeit einer phantasierten und geträumten Vergangenheit oder Zukunft. Und so ist das Wesen der meisten Menschen dauernd gespalten und geteilt.

Der Mensch selber ist es, der sich dauernd von seiner raumzeitlichen Wirklichkeit entfernt und dadurch jedes natürliche und normale Glückserleben – das ja immer nur INNERHALB der raum-zeitlichen Wirklichkeit möglich ist – verhindert, vereitelt und verscheucht. Der Mensch lebt nicht mehr im HIER und DASEIN der Wirklichkeit, sondern in einer inneren Einbildungswelt. Er nimmt sich nicht mehr als einen Teil der menschlichen Gesellschaft, sondern als ein isoliertes Einzelwesen wahr, das sich in eine unwirkliche Einbildungswelt verkriecht, anstatt voll und ganz am Leben der Wirklichkeit und am Leben der menschlichen Gemeinschaft Anteil zu nehmen, wie es natürlich wäre.

So lebt die Mehrzahl der modernen Menschen am Rande des Lebens, am Rande der Wirklichkeit dahin. Nun ist aber der Mensch mit allen seinen Lebensfunktionen voll und ganz auf die Wirklichkeit eingestellt und kann daher auch tatsächlich nur dann optimal und einwandfrei funktionieren, wenn er in dieser Wirklichkeit lebt und in dieser Wirklichkeit aufgeht. Und daher bewirkt das Lebenwollen außerhalb der Wirklichkeit ein Absinken des Wachsamkeitsgrades, eine Störung der Lebensfunktionen, ein Absinken der Lebensenergie und ein Abfallen der Leistungsfähigkeit. Und daraus entspringen – eben als logische Folge – die vielen Leiden, Störungen und Krankheiten, unter denen der moderne Mensch zu leiden hat.

Jedes Lebewesen hat von Natur aus den Drang in sich, die in ihm liegenden Entfaltungsmöglichkeiten optimal zu verwirklichen. Dieser Drang nach einer optimalen Entfaltung aber wird vom modernen Menschen – mit Hilfe seiner Phantasie und Einbildung – in eine unwirkliche Zukunft transformiert. Dabei aber gibt es eine tatsächliche und wirkliche Entfaltung immer nur HIER im Diesseits, JETZT in der Gegenwart und SO, wie sie eben tatsächlich möglich ist.

Eine Entfaltung wird nicht möglich sein, wenn man sich fragt: „Wie kann ich mich in Zukunft entfalten?“ oder wenn man fragt: „Was kann ich tun, um mich in Zukunft entfalten zu können?“. Hier hilft nur die Frage: „Was kann ich tun? JETZT! HIER! SO!“. Und wo diese Frage gestellt wird, dort gibt es Möglichkeiten in Fülle, denn ALLE Entfaltungsmöglichkeiten liegen immer im HIER, im JETZT und im SOSEIN. Ja! Nur im Diesseits, in der Gegenwart und im SOSEIN liegen alle die Möglichkeiten zu Ihrer Entfaltung, die Sie TATSÄCHLICH haben. HIER liegen die Möglichkeiten, tatsächlich vollen Anteil am Leben zu nehmen, mitzumachen am Leben der menschlichen Gesellschaft, Nutzen zu bieten, Werte zu schaffen, sich selber, die eigene Familie und andere Menschen zu fördern, glücklich zu sein und andere Menschen zu beglükken.

Nun geht es darum, das richtige Gefühl für die VOLLE Wirklichkeit, systematisch einzuüben. Die bisher gebrachten Übungen waren dazu Hilfsmittel. Die Welt der vollen Wirklichkeit ist eine Welt des reinen Eigenerlebens. Beschreibungen und Erklärungen haber hier wenig praktische Wirkung. Die volle Wirklichkeit kann ja nur selber erfahren, selber erlebt werden. Der Kern der Sache ist: das Gefühl für die volle Wirklichkeit. Und dann die Fähigkeit, dieses Gefühl für die volle Wirklichkeit jederzeit bewußt hervorrufen zu können. Nur das kann dazu führen, daß man in der Lage ist, die unwirkliche Welt der Träume und Phantasiespiele – die Ersatzwelt – jederzeit abzuschalten und an deren Stelle sich selber in die Welt der vollen Wirklichkeit voll und ganz einzuschalten. Und dann an dieser Welt der vollen Wirklichkeit voll Anteil zu nehmen und in ihr ganz und gar aufzugehen. Wo dies erreicht wird, dort stellen sich Glückserleben, volle Leistungsfähigkeit, optimale Gesundheit und optimale Entfaltungsfähigkeit ganz von selber, ganz automatisch ein. Und das ist ja das eigentliche Ziel dieses Buches.

Wohl die meisten Menschen leben dann und wann einmal

innerhalb ihrer vollen Wirklichkeit. Meist aber nur infolge eines Zusammentreffens mehrerer positiver Zufälle. Und das hat zur Folge, daß das Verweilen in der beglückenden und vollen Wirklichkeit meist nicht lange dauert, sondern bald wieder von negativen Zufallseinflüssen der Außenwelt unterbrochen wird. Oder aber, daß ein selbstverschuldetes Zurückgleiten in die innere Traum- und Phantasiewelt dieses Verweilen in der Welt der vollen Wirklichkeit sehr bald wieder beendet.
Die nun folgenden zwei Übungen sollen bewirken, daß es Ihnen immer besser und immer länger anhaltend gelingt, voll und ganz innerhalb Ihrer eigenen, Ihrer vollen Wirklichkeit zu verweilen. Und damit soll erreicht werden, daß sich Ihr normaler und natürlicher Bewußtseinszustand des Glückserlebens immer öfter und immer länger anhaltend einstellen kann.

10. Übung: Das Einschalten der vollen Wirklichkeit

Diese Übung besteht darin, daß Sie ganz plötzlich mit Hilfe eines Selbstbefehls, von der unwirklichen Innenwelt auf die wirkliche Außenwelt umschalten. Und zwar immer dann, wenn Sie bemerken, daß Sie nicht voll und ganz beim jeweiligen Erleben und Geschehen der Außenwelt anwesend sind. Wenn Sie also bemerken, daß Sie dösen, grübeln, phantasieren, tagträumen oder über unwirkliche Dinge nachdenken.

Die Übung wird wie folgt durchgeführt:
1. Sie geben sich selber – in Gedanken – den klaren und ein-

deutigen Selbstbefehl: „WACH AUF! – LEBE IN DER WIRKLICHKEIT! – NIMM VOLLEN ANTEIL! – JETZT! – HIER! – SO“!

2. Sie lenken dann sofort, plötzlich und schlagartig, ihre ganze Aufmerksamkeit auf das jeweilige Erleben und Geschehen in der Außenwelt. Und Sie nehmen mit vollem Bewußtsein und mit Ihrer ganzen Persönlichkeit an diesem Erleben und Geschehen Anteil.

3. Verweilen Sie nun in Ihrer vollen Wirklichkeit. Geben Sie sich dem jeweiligen Erleben und Geschehen ganz hin. Gehen Sie mit Ihrem ganzen Wesen in der Wirklicheit auf. Erleben Sie das jeweilige Erleben und Geschehen als eine existenzielle Einheit. Und nehmen Sie vollen Anteil daran.

4. Dabei nehmen Sie das jeweilige Erleben und Geschehen SO, wie es eben ist. Versuchen Sie nicht, etwas zu ändern. Nehmen Sie die Dinge SO, wie sie sind. Lassen Sie dem jeweiligen Erleben und Geschehen seinen natürlichen Lauf. Und nehmen Sie trotzdem vollen Anteil daran, ganz gleich, ob es sich um Arbeit oder Spiel, um Vergnügen oder Pflicht, um Nebensächliches oder Wichtiges, um Mitmachen oder Zuschauen handelt.

11. Übung: Umschalten auf Entfaltung

Je mehr Sie es lernen, in der vollen Wirklichkeit zu leben, um so mehr wird sich Ihr Drang nach Entfaltung steigern. Dieser kann zeitweise in Form einer intensiven Tätigkeits- und Unternehmungslust auftreten. Um diesem Drang die Richtung zu geben, in der eine echte und der Zielorientierung des Lebens entsprechende Entfaltung tatsächlich möglich ist, kann die folgende Übung angewandt werden.

1. Sie fragen sich in Gedanken: „WAS KANN ICH TUN UM MICH ZU ENTFALTEN? JETZT! HIER! SO!".

2. Nun denken Sie darüber nach, wo Sie sich nützlich machen können, wo Sie Nutzen bieten können, wo Sie Werte schaffen können, wen Sie fördern können und wen Sie beglücken können.

3. Denken Sie dabei zuerst an Ihre eigene Familie und an die vielen Dinge, die schon lange erledigt werden sollten. Denken Sie zunächst an das NÄCHSTLIEGENDE. Denken Sie an die Dinge, die Sie tatsächlich JETZT erledigen und tun können, Sie HIER erledigen und tun können. Sie werden sehen, daß Ihnen sehr schnell etwas einfällt, wo und wie Sie Ihre Tätigkeits- und Unternehmungslust austoben können.

Bei dieser Übung werden Ihnen zuerst die vielen kleinen Dinge einfallen, die Sie sofort und direkt durchführen können. Und wenn keine solchen kleinen Dinge mehr da sind, dann kommen ganz von selber die richtigen Ideen und die richtigen Möglichkeiten tauchen auf, die Ihnen dann den Weg weisen, der zu einer tatsächlichen optimalen Entfaltung innerhalb der natürlichen, persönlichen und sozialen Wirklichkeit führt. Und Sie werden erleben, daß Ihnen alles auf einmal Lust und Freude macht und daß Sie sich weder zwingen müssen noch anzustrengen brauchen.

III. TEIL

DIE NATÜRLICHE AUFGABE DER EMOTIONEN: OPTIMALES GLÜCKSERLEBEN

Der Mensch ist eine Funktionseinheit. Von den vielen verschiedenen Einzelfunktionen der einzelnen Körperzelle, bis hinauf zu den hochkomplexen Funktionssystemen mit ihren Tausenden und Abertausenden von Einzelfunktionen, läuft alles vollautomatisch nach einer einheitlichen Zielorientierung ab. Alles im Menschen würde ganz von selber richtig, normal und einwandfrei funktionieren, wenn er nicht selber störend, hemmend und hindernd in seine Funktionseinheit eingreifen würde. Das aber tut er sowohl bewußt und willentlich, als auch unbewußt und gewohnheitsmäßig. Und dadurch verhindert er selber, daß er glücklich, gesund und voll entfaltungsfähig ist.

Um die einwandfreie und normale Funktionseinheit wieder herzustellen, braucht man nicht etwa die vielen gestörten Einzelfunktionen einzeln zu korrigieren und neu einzustellen. Nein, das ist nicht nötig. Man braucht lediglich die hauptsächlichsten und wirksamsten Störungsquellen und Störungsursachen zu beseitigen. Dann stellt sich die normale, natürliche und einwandfreie Gesamtfunktion ganz von selber wieder ein. Die hauptsächlichsten und wirksamsten Störungsursachen

liegen beim modernen Menschen besonders auf drei Gebieten:
1. In der Störung der Einheit von Bewußtsein und Wirklichkeit.
2. In der Störung der Einheit von Gemüt und Ausdruck.
3. In der Störung der Einheit von Mentalität und Zielorientierung des Lebens. Nachdem wir uns in den vorhergegangenen Kapiteln ausführlich mit der Wiederherstellung der Einheit von Bewußtsein und Wirklichkeit beschäftigt haben, wollen wir nun näher auf die Einheit von Gemüt und Ausdruck eingehen.

Die Einheit von Gemüt und Ausdruck besteht darin, daß sich jeder Gemütsinhalt, also jede Emotion, frei, spontan und ungehemmt ausdrücken kann. Alles im Leben hat seinen Sinn und Zweck. So haben auch die Emotionen ihren Sinn und Zweck. Sie dienen dazu, ganz bestimmte Aufgaben zu erfüllen. Leben ist dauerndes Streben nach Glückserleben und Entfaltung. Ein echtes Glückserleben ist aber nur unter ganz bestimmten Lebensbedingungen möglich. Die Aufgabe der Emotionen ist es nun, gerade diese Lebensbedingungen herzustellen und zu erhalten.

Es gibt Lebensbedingungen, unter denen ein Glückserleben nicht möglich ist. Dann treten solche Emotionen in das Bewußtsein, die auf eine Beseitigung dieser Lebensbedingungen hinzielen. Sind aber Lebensbedingungen vorhanden, die ein optimales Glückserleben ermöglichen, dann treten solche Emotionen in das Bewußtsein, die eben diese Lebensbedingungen aufrechterhalten wollen. So dienen alle Emotionen von Natur aus dazu: 1. Negative Lebensbedingungen zu beseitigen und unwirksam zu machen. 2. Positive Lebensbedingungen zu schaffen, herbeizuführen und aufrechtzuerhalten. Das einzige Ziel dieser emotionalen Steuerung des

Menschen ist: OPTIMALES GLÜCKSERLEBEN UND OPTIMALE ENTFALTUNG.

Die Emotionen können aber nur dann ihre Aufgabe voll und ganz erfüllen, wenn sie frei, spontan und ungehemmt ausgedrückt werden. Wenn also die existenzielle Einheit von Gemüt und Ausdruck vorhanden ist. Sie können ihre Aufgabe aber nicht erfüllen, wenn sie unterdrückt, zurückgehalten und gestaut werden.

Das Leben ist voller Gefahren. Gefahren aber können Glückserleben und Entfaltung verhindern. Daher dienen verschiedene Emotionen dazu, Gefahren zu beseitigen oder zu umgehen. Haß, Wut und Zorn sind Emotionen, die der aktiven Beseitigung von Gefahren dienen. Angst und Furcht sind Emotionen, die der passiven Beseitigung von Gefahren dienen. Sie bewirken, daß Gefahren umgangen werden; sie schützen davor, daß man sich überhaupt in Gefahrensituationen begibt; und sie lösen überall dort, wo es erforderlich ist, eine Flucht vor Gefahren aus.

Es gibt Lebensbedingungen, die zwar keine Gefahren darstellen, die aber trotzdem keinerlei Glückserleben und keine Entfaltung ermöglichen. Dann stellen sich solche Emotionen im Bewußtsein ein, die eine Änderung dieser Lebensbedingungen anstreben, wie: Mißmut, Ärger, Unzufriedenheit, Enttäuschung oder Langeweile.

Sind aber Lebensbedingungen gegeben, die ein echtes Glückserleben und eine gute Entfaltung ermöglichen, dann treten solche Emotionen in das Bewußtsein, die auf das Aufrechterhalten eben dieser vorhandenen Lebensbedingungen hinwirken. Solche Emotionen sind z.B.: Begeisterung, Dankgefühl, Freude, Fröhlichkeit, Glücksgefühl, Lust, Mut, Wohlgefühl,

Wunschlosigkeit und Zufriedenheit.
So steuern die verschiedensten Emotionen laufend das Denken, Fühlen, Streben und Verhalten des Menschen. Lust und Unlust, Zuneigung und Abneigung, Liebe und Haß, Freude und Leid, Begeisterung und Langeweile und viele andere Emotionen sind die Sprache des Lebens. Nur auf diese Weise gibt das Leben dem Menschen die Richtung an, in welcher er Glückserleben und Entfaltung findet. Und überall dort, wo der Mensch der Sprache des Lebens, seinen Emotionen, seinem GEMÜT folgt, stellen sich ganz von selber Glückserleben und Entfaltungsfähigkeit ein. Wo der Mensch aber die Sprache des Lebens, die ihm durch sein Gemüt bewußt wird, unterdrückt oder mißachtet, dort stellt sich immer gerade das Gegenteil ein: Leid, Mißerfolg und Krankheit.
Die gesamte emotionale Steuerung in Richtung auf optimales Glückserleben und optimale Entfaltung funktioniert vollautomatisch. Immer und überall treten ganz von selber gerade diejenigen Emotionen in das Bewußtsein, die der jeweiligen Situation und den jeweiligen Lebensbedingungen entsprechend nötig und erforderlich sind. Können sich die jeweils in das Bewußtsein tretenden Emotionen laufend frei, spontan und ungehemmt körperlich ausdrücken, dann bewegt sich der Mensch laufend in Richtung auf optimales Glückserleben und optimale Entfaltung. Werden aber die zu Bewußtsein kommenden Emotionen laufend unterdrückt und zurückgehalten – werden sie also nicht ausgedrückt – dann bewegt sich der Mensch in entgegengesetzter Richtung, nämlich in Richtung auf Leiderleben, Mißerfolg und Krankheit.
Die emotionale Steuerung ist von Natur aus so angelegt, daß jede einzelne Emotion nach einem freien, spontanen und un-

gehemmten Ausdruck strebt. Und zwar in jedem Falle nach einem KÖRPERLICHEN AUSDRUCK. Dabei stellt sich der jeweilige körperliche Ausdruck ganz von selber ein, wenn keine emotionale Ausdruckshemmung wirksam ist. Die emotionale Steuerung funktioniert ja vollautomatisch, solange sie nicht bewußt und willentlich oder unbewußt und gewohnheitsmäßig gestört wird.

Der jeweilige körperliche Ausdruck einer Emotion paßt sich automatisch der jeweiligen Notwendigkeit an. Es gibt die verschiedensten Ausdrucksmöglichkeiten für Emotionen. Es gibt den rein sprachlichen Ausdruck durch emotionale Tonmodulation (gemütsmäßige Tonfärbung); es gibt den Ausdruck durch das Gesicht (Mimik); es gibt den Ausdruck durch Körperbewegungen und Körperstellungen (Gesten und Gebärden); es gibt den Ausdruck durch Handlungen und Tätigkeiten; und es gibt die verschiedensten kombinierten Ausdrucksarten, wie Sprache und Mimik, Sprache und Gesten, Mimik und Gebärden usw.; und es gibt dann auch noch den emotionalen Gesamtausdruck, bei dem sich alle einzelnen Ausdrucksmöglichkeiten harmonisch und lebendig zu einer Ausdruckseinheit verbinden.

Ganz gleich, wie eine Emotion sich ausdrücken kann, immer wird sie sich so auszudrücken versuchen, wie es zum Erzielen einer optimalen Wirkung erforderlich ist. Emotionen sind nicht nur Bewußtseinsinhalte oder gemütsmäßige Wahrnehmungen. Emotionen sind TATSACHEN im Körpergeschehen, die unbedingt nach einem tatsächlichen, nach einem KÖRPERLICHEN AUSDRUCK streben.

Wie die emotionale Steuerung in ihren Grundzügen funktioniert, sollen zwei Beispiele zeigen. Beim ersten Beispiel handelt es sich um eine heftige Ärgeremotion:

1. Die Emotion tritt in das Bewußtsein. Ein heftiger Ärger wird bewußt erlebt.

2. Gleichzeitig mit dem Bewußtwerden stellt sich der Körper auf die Emotion ein. Dies geschieht über das vegetative Nervensystem völlig unterbewußt-automatisch. Die Spannung der Blutgefäße ändert sich und damit ändert sich der Blutdruck. Die Emotion des heftigen Ärgers treibt den Blutdruck hoch, das Herz schlägt schneller, der Blutzuckerspiegel steigt an, die Hormonzusammensetzung im Blut ändert sich, aktivierende Hormone nehmen zu, das Verdauungssystem wird gehemmt, der Magen arbeit nicht mehr, die Spannung der Magenmuskeln ändert sich (man fühlt das auch deutlich in der Magengegend), die Magensaftabsonderung wird gehemmt. So stellt sich der ganze Körper ganz automatisch auf die Emotion des Ärgers ein. Eine Vielzahl der verschiedensten Körperfunktionen erfährt dabei eine Änderung und eine Abweichung von der Funktionsnorm.

3. Gleichzeitig wird über das motorische Nervensystem auch die gesamte Ausdrucksmuskulatur auf die Emotion eingestellt. Der Schwellwert der Ansprechbarkeit der motorischen Neuronen sinkt. Verschiedene Muskeln und Muskelgruppen werden automatisch in Richtung auf den Ausdruck der Emotion vorgespannt.

4. Nun ist die Emotion voll bewußt und der ganze Körper hat sich auf deren freien, spontanen und ungehemmten Ausdruck eingestellt. Erfolgt nun dieser Ausdruck tatsächlich und wird durch ihn in der Außenwelt eine entsprechende Wirkung erzielt, dann löst das Emotionszentrum im Zwischenhirn (im Hypophysen-Thalamussystem) automatisch die zu einer

Normalisierung des ganzen Körpers notwendigen Rückstellimpulse aus.

5. Diese Rückstellimpulse stellen nun den ganzen Körper wieder auf Normalfunktion um. Der Blutdruck sinkt wieder, die Herz-frequenz nimmt wieder ab, der Blutzuckerspiegel geht wieder zurück, Magen und Verdauungssystem nehmen wieder ihre normale Tätigkeit auf (man fühlt das auch in der Magengegend als ein erleichterndes und befreiendes Gefühl) und auch alle anderen Körperfunktionen normalisieren sich wieder.

6. Die Rückstellimpulse aus dem Zwischenhirn normalisieren auch die Einstellungen des motorischen Nervensystems. Der Schwellwert der Ansprechbarkeit der motorischen Neuronen, wie auch der gesamte Muskeltonus, werden wieder ganz normal.

Und somit ist die Angelegenheit erledigt. Die Emotion ist ausgedrückt und hat ihre natürliche Aufgabe erfüllt. Alles ist nun wieder normal und funktioniert einwandfrei und ungestört.

Was aber geschieht, wenn sich eine bewußt gewordene Ärgeremotion nicht ausdrücken kann, weil sie unterdrückt und zurückgehalten wird? Hier wird die Sache nun ernst, sehr ernst. Schon mit dem Augenblick, in dem eine Emotion voll bewußt wird, beginnen ihre körperlichen Wirkungen. Der ganze Körper paßt sich der Emotion an und das motorische Nervensystem stellt sich automatisch auf ihren freien, spontanen und ungehemmten Ausdruck ein. Da aber die Emotion nicht ausgedrückt wird, kann das Zwischenhirn auch keinerlei Rückstellimpulse auslösen. Die Folge ist, daß die körperlichen Einstellungen wie auch die Einstellungen des motorischen Nervensystems sich nicht normalisieren können. Sie klingen zwar langsam wieder von selber ab, aber nicht restlos. Und das bedeutet, daß bei jeder Emotion, die unterdrückt oder zurückgehalten wird, Resteinstellungen zurückbleiben. Und diese Resteinstellungen summieren sich im Laufe der Monate und Jahre zu Fehlfunktionen, Hormonstörungen, Blutdruckleiden, Herz- und Kreislaufleiden, Verdauungsstörungen, Magengeschwüren, Muskelverkrampfungen, schmerzhaften Muskelverhärtungen, rheumatischen Erkrankungen, Drüsenstörungen und vielen anderen Leiden und Krankheiten.

Heftige und starke Emotionen haben eine besonders negative Wirkung, wenn versucht wird, sie zu unterdrücken oder zurückzuhalten. Aber auch schwache und scheinbar nebensächliche Emotionen sind nicht harmlos, wie das folgende Beispiel zeigt. Es handelt sich um die Emotion: Abneigung gegenüber einem Vorgesetzten.

Die Emotion der Abneigung wird immer bewußt, wenn man mit der betreffenden Person zu tun hat. Immer stellt sich der Körper auf den Ausdruck dieser Emotion ein. Diese Einstellung ist im Falle einer Abneigung zwar weit weniger tiefgreifend als bei einem heftigen Ärger, aber viele kleine Wirkungen zusammen ergeben eine große Wirkung. Und so kann die Folge einer dauernd unterdrückten und zurückgehaltenen Abneigungsemotion die sein, daß sich mit der Zeit ernsthafte Verdauungsbeschwerden, Angstzustände, Schweißausbrüche, Atembeschwerden, Abmagerung, allergische Reaktionen, schmerzhafte Muskelverkrampfungen und sogar Magengeschwüre und rheumatische Erkrankungen einstellen.

Jede Einzelne Emotion hat ihre natürliche Aufgabe. Nicht nur negative Emotionen müssen sich frei, spontan und ungehemmt ausdrücken können. Auch positive Emotionen streben nach einem vollen und körperlichen Ausdruck. Sie sollen ja bewirken, daß solche Lebensbedingungen aufrechterhalten werden, unter denen ein optimales Glückserleben und eine optimale Entfaltung möglich ist. Und um diese Aufgabe zu erfüllen, müssen sie sich ausdrücken können. Werden sie aber nicht ausgedrückt, vielleicht aus Scheu, Hemmung oder falsch verstandener Selbstbeherrschung, dann verschwindet bald jedes Glückserleben und es stellen sich ganz von selber negative Emotionen ein. Wer sich schämt, sein Glücklichsein, seine Fröhlichkeit und seine heitere Zufriedenheit auszudrücken, stört sein Glückserleben, vereitelt seine Entfaltung und beschwört außerdem auch noch negative Emotionen herauf.

Alle Emotionen haben den natürlichen Drang, sich körperlich auszudrücken, denn nur durch einen tatsächlichen und körperlichen Ausdruck können sie ihre Aufgabe erfüllen. Gemüt und Ausdruck sind von Natur aus eine Funktionseinheit. Der Mensch aber hat die Möglichkeit, diese Funktionseinheit zu stören, indem er seine Emotionen unterdrückt und zurückhält. Nun aber drücken sich Emotionen IMMER aus. Entweder frei, spontan und ungehemmt in Richtung auf optimales Glückserleben und optimale Entfaltung; oder aber in der Form von Funktionsstörungen, Hemmungen, Leiden und Krankheiten als logische Folge eines Unterdrückens und Zurückhaltens. Wer diese Zusammenhänge einmal begriffen hat, sieht auf einmal den Weg, der in gerader Richtung zu Glückserleben, Gesundheit und Entfaltung führt.

DIE BESEITIGUNG DER URSACHEN EMOTIONALER AUSDRUCKSHEMMUNGEN

Der freie, spontane und ungehemmte Ausdruck von Emotionen ist die normale soziale Reaktionsweise des Menschen. Das geht schon daraus hervor, daß die gesamte emotionale Steuerung von Natur aus im menschlichen Nervensystem programmiert ist und in ihren positiven wie negativen Wirkungen das ganze Leben hindurch voll und unverändert wirksam bleibt. Positiv sind die Wirkungen der emotionalen Steuerung dann, wenn die Emotionen frei, spontan und ungehemmt ausgedrückt werden. Negativ aber sind sie, wenn die Emotionen sich nicht ausdrücken können, weil sie bewußt und willentlich oder unbewußt und gewohnheitsmäßig unterdrückt, zurückgehalten und gestaut werden.

Kinder, deren ursprüngliche Natürlichkeit noch nicht durch eine unvernünftige Erziehung unterdrückt ist, reagieren normal und natürlich. Sie drücken ihre Emotionen frei, spontan und ungehemmt aus und – gedeihen dabei vorzüglich. Sind sie lustig, dann lachen sie; sind sie traurig, dann weinen sie; macht ihnen etwas Freude, dann drückt ihr ganzes Wesen diese Freude aus; sind sie zornig, dann drücken sie auch ihren Zorn aus. So lassen sich normale und unverbildete Kinder von der Sprache des Lebens leiten und führen; und drücken ihre wahren Emotionen frei, spontan und ungehemmt aus. Solange Kinder auf diese Art und Weise normal reagieren können, sind sie glücklich und gedeihen gut.

Sobald aber unvernünftige Erzieher durch Willkür und Gewalt in die ursprüngliche Natürlichkeit des Kindes eingreifen und den freien Ausdruck seiner Emotionen stören, unterdrücken oder gar bestrafen, beginnt die Misere: Das Kind gedeiht nicht mehr so richtig; es wird scheu, gehemmt und schüchtern; seine Widerstandskraft gegenüber Infektionskrankheiten nimmt ab; es hat keinen richtigen Appetit mehr und ißt daher wenig; es zieht sich von den Erwachsenen zurück und verkriecht sich in seine Innenwelt; es beginnt bockig und schwierig zu werden; und verliert immer mehr seine ursprüngliche Natürlichkeit und sein glückliches, fröhliches und heiteres Wesen.

Die soziale und emotionale Reaktionsweise des Menschen wird von den Reaktionssystemen bestimmt, die er im Laufe seiner Erziehung erlernt und erworben hat. Kann ein Mensch von Kindheit auf seine Emotionen frei, spontan und ungehemmt ausdrücken, dann bildet sich das Reaktionssystem einer freien, spontanen und ungehemmten emotionalen Ausdrucksweise. Das Ergebnis ist ein glücklicher, gesunder und entfaltungsfähiger Mensch. Wird aber der freie, spontane und ungehemmte Ausdruck von Emotionen in der Kindheit immer wiederkehrend gestört, unterdrückt und bestraft, dann lernt das Kind, seine wahren Emotionen zu unterdrücken und zurückzuhalten. Und so bildet sich das Reaktionssystem einer allgemeinen emotionalen und sozialen Ausdrucksgehemmtheit. Das Ergebnis ist ein unglücklicher, leidender, kränklicher und entfaltungsunfähiger Mensch.

Nun mag die Frage auftauchen, ob man denn einem Kind tatsächlich die Freiheit geben dürfe, alle seine Emotionen frei, spontan und ungehemmt auszudrücken? Dabei denkt man an die vielen negativen Emotionen. Und man denkt dabei auch daran, daß aus dem Kind ein schlechter, unbeherrschter und mißratener Mensch werden könnte. Dabei aber geht man an der Tatsache vorbei, daß ein Kind immer und überall nur die Emotionen haben und ausdrücken wird, die aus seiner Umgebung stammen. Das Kind selber will weiter nichts als glücklich sein. Eine glückliche Umgebung wird daher im Kind immer nur glückliche und positive Emotionen auslösen. Eine unglückliche und disharmonische Umgebung aber wird in jedem Kind immer nur negative Emotionen auslösen. Einfach deshalb, weil eine unglückliche Umgebung des Kindes Streben nach Glückserleben stört, hemmt und hindert. An den Emotionen des Kindes spiegelt sich also immer die Emotionalität der Erzieher. Ein Kind, das negative Emotionen ausdrücken muß, weil es solche einfach innerhalb einer negativen, disharmonischen und unglücklichen Umgebung dauernd erlebt, reagiert ganz normal und natürlich. Hier liegt die Schuld nicht beim Kind, weil es negative Emotionen ausdrückt. Die Schuld liegt bei den Erziehern, weil sie negative Emotionen AUSLÖSEN.

Negative Emotionalität und hemmende Reaktionssysteme sind das Produkt einer negativen und hemmenden Erziehung. Wird ein Kind für den freien Ausdruck seiner Emotionen dauernd bestraft, dann lernt es sehr bald, seine Emotionen zu unterdrücken und zurückzuhalten. Denn dadurch schützt es sich vor der Bestrafung, vor der Willkür und Gewalt seiner unvernünftigen Erzieher. Muß es sich auf diese Art und Weise durch Jahre hindurch vor Bestrafung schützen, dann wird daraus eine feste Verhaltensgewohnheit, ein festes Reaktionssystem, das auch noch weit über das kindliche Alter hinaus wirksam bleibt, Und das ist die eigentliche Ursache des gewohnheitsmäßigen Unterdrückens, Zurückhaltens und Nichtausdrückens von Emotionen.

Emotionale Ausdruckshemmungen sind daher immer kindliche Verhaltensweisen, die früher einmal vor der Willkür, Gewalt und Strafe unvernünftiger Erzieher geschützt haben, aber infolge dauernder Wiederholung zu einem festen Reaktionssystem wurden. Diese Tatsache aber wird durch gesellschaftliche Normvorstellungen verschleiert. Man hält emotionale Ausdruckshemmungen nicht für kindliche Verhaltensweisen, sondern für Wohlerzogenheit, für Höflichkeit, für Taktgefühl, für gute Sitten und für Selbstbeherrschung. Und gerade diese gesellschaftlichen Normvorstellungen verhindern es, daß die tatsächlichen Ursachen emotionaler Ausdruckshemmungen erkannt und beseitigt werden können.

Die Ursachen emotionaler Ausdruckshemmungen sind Reaktionssysteme, die aus der Zeit der Kindheit und Jugend stammen, und die in ihrer vollen Stärke auch noch beim Erwachsenen wirksam sind. Diese Reaktionssysteme verhindern gewohnheitsmäßig – also unterbewußt-automatisch – den freien, spontanen und ungehemmten Ausdruck der in das Bewußtsein tretenden Emotionen.

Diese Ursachen emotionaler Ausdruckshemmungen können beseitigt werden. Einfach dadurch, daß mit Hilfe systematischer Übungen neue Reaktionssysteme erworben werden. Und zwar solche, die einen freien und spontanen Ausdruck der Emotionen zur Folge haben. Die emotionale Befreiung muß natürlich stufenweise durchgeführt werden, wenn sie zu einem vollen Erfolg führen soll. Da diese neuen Reaktionssysteme insgesamt zweckmäßiger sind als die alten und mit der natürlichen Zielorientierung des Lebens voll übereinstimmen, werden diese neuen und entfaltungsfördernden Verhaltensgewohnheiten sehr schnell angenommen. Schon innerhalb von drei Tagen können durch das systematisch aufgebaute Vital-Kybernetik-Training viele negative und hemmende Reaktionssysteme soweit durch freiere Verhaltensweisen ersetzt werden, daß eine nachhaltige Verhaltensverbesserung eintritt.

DER FREIE AUSDRUCK

DER EMOTIONEN DURCH DIE SPRACHE

Das Wesen der emotionalen Befreiung besteht darin, daß die Fähigkeit erlernt und erworben wird, möglichst alle Emotionen soweit frei, spontan und ungehemmt auszudrücken, wie dies innerhalb der menschlichen Gesellschaft überhaupt praktisch möglich ist. Dadurch werden schädliche Emotionsstauungen verhindert und solche, die bereits bestehen, langsam und auf unschädliche Art und Weise abreagiert. Ist das freie Ausdrücken aller Emotionen einmal so weit erlernt, daß es als eine feste Gewohnheit – also als unterbewußt-automatisches Reaktionssystem – ganz von selber und ohne jede bewußte Anstrengung abläuft, dann ist das Ziel erreicht: Gemüt und Ausdruck sind dann eine tatsächliche Einheit.

Da der freie Ausdruck von Emotionen für viele emotional gehemmte Personen oft nicht gleich auf Anhieb voll und ganz verstanden und begriffen wird, müssen wir stufenweise vorgehen. Zunächst einmal muß mit Hilfe von Einfühlübungen das richtige Gefühl für das freie, spontane und ungehemmte Ausdrücken von Emotionen erlebt und erworben werden. Wir beginnen dabei mit dem Einfühlen in das emotionale Sprechen.

Die Sprache ist das hauptsächlichste Ausdrucksmittel des Menschen. Mit ihrer Hilfe kann er Gedanken, Informationen und verstandesmäßige Bewußtseinsinhalte ausdrücken. Aber das ist nur die eine Seite der sprachlichen Ausdrucksfähigkeit. Innerhalb der Sprache gibt es noch eine weitere und gerade für uns sehr wichtige Ausdrucksmöglichkeit. Nämlich den Ausdruck von Emotionen, also den Ausdruck von Gefühlen, Stimmungen, Gemütsbewegungen und anderen Gemütsinhalten. Zwischen diesen beiden Ausdrucksmöglichkeiten müssen wir ganz klar und eindeutig unterscheiden.

Der Ausdruck von GEDANKEN und verstandesmäßigen Bewußtseinsinhalten geschieht einzig und alleine durch die Tätigkeit des Sprechens. Es kommt dabei nur auf den Sinn und Inhalt der gesprochenen Worte an. Die Betonung, der Tonfall und das Mitschwingen von Gefühl und Gemüt hat beim Ausdruck verstandesmäßiger Bewußtseinsinhalte nur eine Nebenwirkung. Hier kommt es nur auf das an, WAS man spricht.

Anders beim Ausdruck von GEFÜHLEN und gemütsmäßigen Bewußtseinsinhalten. Da kommt es darauf an, WIE etwas ausgesprochen wird. Also auf die Betonung, auf den Tonfall, auf die Lautstärke und auf das lebendige Mitschwingen von Gefühl und Gemüt innerhalb des Sprechens.

Verstandesmäßig bedeutet das kleine Wörtchen: „ja“ immer nur ein und dasselbe, nämlich den Ausdruck eines bejahenden und zustimmenden Gedankens. Gemütsmäßig aber kann bereits dieses kleine Wörtchen: „ja“ viele verschiedene Bedeutungen haben. So z.B., wenn es verliebt und zärtlich ausgesprochen wird. Dann bedeutet es zugleich die Emotion: LIEBE. Und wenn es zornig ausgesprochen wird, bedeutet es die Emotion: ZORN, drückt also Zorn aus. Es kann auch ängstlich und zaghaft ausgesprochen werden, dann drückt es ANGST aus. Und wenn es freudig ausgesprochen wird, drückt es die Emotion der FREUDE aus. So bestimmt die Art und Weise, WIE etwas ausgesprochen wird, die jeweilige Emotion, die wirklich ausgedrückt wird. Wenn wir von einem freien Ausdruck von Emotionen sprechen, dann meinen wir nicht den sprachlichen Ausdruck an sich, nicht also das, WAS ausgesprochen wird, sondern immer die Art und Weise, WIE etwas ausgesprochen wird. Nur in diesem WIE drücken sich Emotionen aus.

Nun ist aber das Wesen des EMOTIONALEN Ausdrucks vielen gar nicht voll bewußt. Sie verstehen wohl verstandesmäßig, was darunter gemeint ist, aber sie haben das LEBENDIGE Wesen des emotionalen Ausdrucks noch nicht voll und ganz ERFAHREN, ERFÜHLT und ERLEBT. Daher folgt nun eine spezielle Einfühlübung in das emotionale Sprechen, die eine ganze Woche lang, täglich ein- bis zweimal durchgeführt werden soll. Diese Einfühlübung bewirkt, daß das Wesen des emotionalen Ausdrucks innerhalb weniger Tage so weit erfahren und erlebt wird, daß sich aus diesen Erfahrungen heraus im Laufe weniger Wochen tatsächlich ein echter Emotionsausdruck entwickelt.

12. Übung: Das emotionale Sprechen

Sprechen Sie das Wörtchen: „ja" der Reihe nach mit folgenden emotionalen Bedeutungen aus:

1. FREUDIG (Sie freuen sich, daß es so ist)
2. ÄNGSTLICH (Sie haben Angst, weil es so ist)

3. FRAGEND (Sie wissen nicht, ob es so ist)
4. ERKENNEND (Sie erkennen, daß es so ist)
5. VERÄRGERT (Sie ärgern sich, weil es so ist)
6. BEFEHLEND (befehlend ausgesprochen)
7. HÖHNISCH (mit Hohn ausgesprochen)
8. ZWEIFELND (Sie zweifeln, daß es so ist)
9. ZÄRTLICH (wie zu einer geliebten Person)
10. ÜBERHEBLICH (mit dem Gefühl der Überheblichkeit)
11. GELANGWEILT (mit dem Gefühl der Langeweile)
12. UNGEDULDIG (mit dem Gefühl der Ungeduld)
13. ÜBERZEUGT (mit voller Überzeugung ausgesprochen)
14. ERZÜRNT (im Zorn ausgesprochen)
15. VERLIEBT (mit Liebe ausgesprochen)
16. VERZWEIFELT (wie wenn Sie verzweifelt wären)
17. HOFFNUNGSVOLL (wie wenn Sie Hoffnung schöpfen)
18. ÜBERRASCHT (wie wenn Sie überrascht wären)
19. ERLÖSEND (wie wenn Sie erlöst aufatmen)
20. VERLEGEN (mit Verlegenheit ausgesprochen)
21. STOLZ (mit Stolz ausgesprochen)
22. ERREGT (mit Erregung ausgesprochen)

Diese Übung führen Sie am ersten Tag der Woche mit dem Wörtchen: „ja“ durch. An den folgenden Tagen verwenden Sie dazu die folgenden Wörter und Sätze:

2. Tag: „so“
3. Tag: „immer“
4. Tag: „niemals“
5. Tag: „Ich war es“
6. Tag: „Ich werde es tun“
7. Tag: „Du wirst es für mich tun“

Achten Sie bei dieser Übung besonders auf zwei Punkte: 1. Darauf, daß Sie sich in jede einzelne der 22 Bedeutungen lebhaft HINEINFÜHLEN. 2. Darauf, daß Sie das jeweilige Wort oder den jeweiligen Satz auch tatsächlich mit dem betreffenden GEFÜHL, aussprechen, also mit der betreffenden Betonung, Tonlage, Lautstärke und gefühlsmäßigen Tonfarbe. Lassen Sie sich bei dieser Übung Zeit. Es geht nicht darum, daß die Skala der 22 verschiedenen Bedeutungen möglichst schnell hinter sich gebracht wird, sondern darum, daß Sie JEDE EINZELNE Bedeutung auch tatsächlich LEBHAFT in ihrer Verschiedenartigkeit ERFÜHLEN und innerlich ERLEBEN, also FÜHLEND ERLEBEN.

DER EMOTIONALE GESICHTSAUSDRUCK

Wenn wir nüchtern, sachlich und nur mit logischer Betonung sprechen, dann können wir GEDANKEN alleine ausdrücken. Wenn wir gefühlvoll, lebendig und mit emotionaler Betonung sprechen, dann können wir GEDANKEN und EMOTIONEN zugleich ausdrücken. Geben wir aber zur Sprache auch noch den Ausdruck des Gesichts hinzu, dann können wir EMOTIONEN alleine ausdrücken. So läßt sich z.B. die Freude über eine gute Speise dadurch ausdrücken: „Hmmm!" und ein gleichzeitig freudestrahlender Gesichtsausdruck. So läßt sich Überraschung ausdrücken: „Ohh!" und ein Gesichtsausdruck mit offenem Mund und weitaufgerissenen Augen. Oder Erleichterung durch: „Hhaaaahh" mit leichtoffenem Mund und entspannten Gesichtszügen. Auf ähnliche Art und Weise lassen sich alle möglichen Emotionen durch eine Kombination von Ton und Gesicht ausdrücken.

Wir können aber auch Emotionen ganz alleine durch den Gesichtsausdruck ausdrücken. So z.B.: Freude durch ein freudestrahlendes Lächeln, Schreck durch einen schreckhaften Gesichtsausdruck, Angst durch einen ängstlichen Gesichtsausdruck, Überraschung durch einen überraschten Gesichtsausdruck usw.

Wenn man emotional Gehemmte beim Sprechen, bei Unterhaltungen und bei allen möglichen sozialen Situationen beobachtet, dann kann man feststellen, wie sie immer versuchen, mit möglichst wenig Gesichtsausdruck zu sprechen. Gehemmte sprechen daher leer, ausdruckslos und unwirksam. Dabei aber ist gerade der Gesichtsausdruck, das „Sprechen mit dem Gesicht“, das Hauptausdrucksmittel für Emotionen. Am Gesichtsausdruck erkennt man immer die jeweilige Stimmung und die jeweilige Gefühls- und Gemütslage einer Person. Alle Emotionen drücken sich irgendwie durch das Gesicht aus. Bei freien Menschen in ihrer wahren und natürlichen Art und Weise. Bei emotional gehemmten Personen aber durch Spannungen, Verzerrungen und Verkrampfungen. Solche Spannungen, Verzerrungen und Verkrampfungen im Gesicht aber zeigen an, daß etwas gestaut wird, daß etwas unterdrückt und zurückgehalten wird, was von Natur aus ganz von selber nach einem freien Ausdruck strebt.

Das „Sprechen mit dem Gesicht“ hat viele verschiedene Ausdrucksmöglichkeiten. Hier nur einige davon: der Blick, die Richtung und Bewegung des Blickes, die Mundstellung, die Form des Mundes beim Sprechen, die vertikalen und horizontalen Falten der Stirn, das Lachen und Lächeln, die Öffnungsweite der Augen, die Haltung des Kopfes, die Bewegungen des Kopfes beim Sprechen usw. Daraus ergeben sich unzählige verschiedene Kombinationsmöglichkeiten beim Ausdruck von Emotionen, die sich in der Praxis des Ausdrucksgeschehens immer ganz von selber richtig einstellen, sofern überhaupt das Bestreben vorhanden ist, sich mit dem Gesicht und mit dem Kopf wahrhaftig und frei auszudrücken.

Das Streben nach einem Unterdrücken, Verbergen und Zurückhalten von Emotionen macht den Gesichtsausdruck leer, aus-

drucksslos und leblos. Das Streben nach einem freien Ausdruck von Emotionen aber macht den Gesichtsausdruck emotional, ausdrucksreich und lebendig. Um das richtige und lebhafte Gefühl für einen emotionalen Gesichtsausdruck zu erleben, haben sich entsprechende Einfühlübungen sehr bewährt.
Dabei zeigen sich die Wirkungen im Alltag um so deutlicher, je intensiver Ihre Übungen sind. Die beste Wirkung wird erzielt, wenn solche Einfühlübungen mit einem Partner, wie es in den Vital-Kybernetik-Seminaren praktiziert wird, durchgeführt werden.

DIE EMOTIONALISIERUNG

VON GESTEN UND GEBÄRDEN

Wie es ein „Sprechen mit dem Gesicht“ gibt, so gibt es auch ein „Sprechen mit dem Körper“. Man versteht darunter den Gesamtkomplex der Gesten, Gebärden und Körperausdrucksmöglichkeiten. Dazu gehören: Handbewegungen, Handstellungen, Armbewegungen, Armstellungen, Körperbewegungen und Körperstellungen. Durch eine lebhafte Gestikulation kann man nicht nur Emotionen, sondern auch vielerlei Gedanken ausdrücken. Wie sehr das „Sprechen mit dem Körper“ zum Gesamtausdruck gehört, können Sie leicht im Fernsehen feststellen. Achten Sie nur einen Abend lang darauf, wieweit sich die Menschen mit dem ganzen Körper ausdrücken. So ein Abend des bewußten und gezielten Beobachtens wird Sie voll und ganz überzeugen.

Ein echter und wahrhaftiger Ausdruck von Emotionen ist ohne das „Sprechen mit dem Körper“ gar nicht möglich. Der Körperausdruck ist neben dem eigentlichen Sprechen, neben Betonung und Gesichtsausdruck ein tatsächlich VOLLWERTIGES Ausdrucksmittel. Alleine mit Gesten und Gebärden kann man sich mit Personen, deren Sprache man nicht versteht, über vieles verständlich machen. Naturforscher in der Zeit der Entdeckungsreisen bedienten sich bei der Verständigung mit bisher unbekannten Stämmen und Völkern einzig und alleine der Zeichensprache. Wie wir aus damaligen Schilderungen wissen, kamen auf diese Art und Weise regelrechte Unterhaltungen zustande.

Jeder normale Mensch bedient sich beim Sprechen irgendwelcher Gesten, Gebärden und Körperbewegungen. Meist aber achtet er gar nicht darauf und ist vielleicht sogar der Meinung, daß Gesten, Gebärden und Körperbewegungen gar nicht zum eigentlichen Sprechen gehören, sondern nur sozusagen ganz zufällig und nebenbei mitwirken. Diese Ansicht, daß Gesten, Gebärden und Körperbewegungen eigentlich gar nicht zum Sprechen gehören, ist oft die Ursache von sozialen Hemmungen und Unsicherheiten, die es einem Menschen unmöglich machen, sich innerhalb jeder beliebigen Gesellschaft frei, ungehemmt und unbefangen zu bewegen. Es gibt sogar viele Menschen, die sich ihrer Gesten und Gebärden schämen und in ihnen einen Mangel an Selbstbeherrschung sehen. Die Folge davon ist, daß Gesten und Gebärden unterdrückt werden und dadurch ein gehemmter und unsicherer Gesamtausdruck entsteht.

Sprechen ist immer lebendiger Gesamtausdruck, LEBENDIGES Geschehen. Die einzelnen Teilausdrucksmöglichkeiten wie Sprechen, Tonfall, Gesichtsausdruck, Gesten und Gebärden sind vollwertige Ausdrucksmittel, die nicht gehemmt und unterdrückt werden dürfen. Je nach Inhalt des Sprechens herrscht dieser oder jener Einzelausdruck vor. Beim Sprechen von nüchternen und sachlichen Nachrichten, Informationen und Mitteilungen herrscht das eigentliche Sprechen mit sachlicher Betonung vor. Beim gemischten Ausdruck von Gedanken und Gefühlen arbeiten alle einzelnen Teilausdrucksfunktionen harmonisch zusammen. Und beim vorwiegenden Ausdruck von Emotionen herrschen Tonfall, Gesichtsausdruck, Gesten und Gebärden sogar vor.

Wenn wir einen Menschen beim Sprechen beobachten, ohne seine Worte hören zu können, dann gelingt es meist leicht, seine gegenwärtigen Emotionen zu erkennen.

Das Gesamtverhalten des Menschen wird weitgehend von seinen Verhaltensgewohnheiten bestimmt. Gewohnheiten aber sind Reaktionssysteme. Und Reaktionssysteme laufen unterbewußt-automatisch ab. Damit ein neues Verhalten zu einer Verhaltensgewohnheit werden kann, muß es regelmäßig wiederholt erlebt und erfahren werden. Wenn Sie das freie Ausdrücken von Emotionen einige Tage intensiv üben dann bildet sich ganz von selber ein neues Ausdrucksverhalten. Ihre gesamte Ausdrucksweise wird emotionaler, freier, spontaner und wahrhaftiger. Und da jeder freie, spontane und wahrhaftige Ausdruck von Emotionen gleichzeitig auf die negativen Folgen des früheren Unterdrückens, Verbergens und Zurückhaltens von Emotionen einen positiven, lösenden und befreienden Einfluß hat, erleben Sie auf ganzer Linie eine wesentliche Besserung.

DER EMOTIONALE GESAMTAUSDRUCK

IST LEBENDIGES GESCHEHEN

Man findet bei emotional gehemmten Personen oft den Wunsch: „So schön und klar wie ein Nachrichtensprecher im Fernsehen möchte ich auch sprechen können!" Dabei wird aber übersehen, daß das schöne und klare Sprechen eines Nachrichtensprechers nur ein nüchternes und sachliches Ausdrücken von GEDANKEN, von Informationen und Mitteilungen ist. Also nur ein einseitiges Sprechen. Der Nachrichtensprecher darf ja keine Emotionen ausdrücken. Er darf die Nachricht, daß seine Partei die Wahl, oder sein Fußballverein die Meisterschaft gewonnen hat, nicht mit Freude ausdrücken. Und er darf das Verlieren der Gegenpartei nicht als Schadenfreude ausdrücken. Er darf überhaupt in die Sachlichkeit und Nüchternheit der Nachrichten und Mitteilungen keine Gefühle und Gemütsbewegungen hineinmischen. Würde er dies aber trotzdem tun, dann wäre er sicher bald kein Nachrichtensprecher mehr.

Das Sprechen eines Nachrichtensprechers ist informativ. Es ist lediglich die sprechmechanische Wiedergabe kalter, sachlicher, nüchterner und emotional unverfälschter Informationen. Es unterscheidet sich daher ganz wesentlich vom lebendigen und emotionalen Sprechen im Alltag. Daß Gehemmte sich vielfach ein solches Sprechen wünschen, liegt daran, daß sie das Bestreben haben, nur GEDANKEN auszudrücken und EMOTIONEN zu verbergen und zurückzuhalten. Sprechen als lebendiger Gesamtausdruck ist viel mehr als die schöne und klare Wiedergabe von Gedanken, Informationen und Mitteilungen. Sprechen als Gesamtausdruck der ganzen Persönlichkeit ist LEBENDIGES GESCHEHEN. Eine schöne und klare Sprechweise ohne Emotionen und ohne Gesamtausdruck kann nur dann das Interesse der Zuhörer wachhalten, wenn es sich um Neuigkeiten handelt. Wird aber auf diese nüchterne und sachliche Art von bereits bekannten Dingen gesprochen, dann wirkt selbst das schönste und klarste Sprechen langweilig und einschläfernd.

Sprechen als Gesamtausdruck der ganzen Persönlichkeit aber, also Sprechen als lebendiges Geschehen, wirkt immer lebendig, wachhaltend, aktivierend und miterlebend. Auch dann, wenn es keine Neuigkeiten, sondern längst bekannte Tatsachen und scheinbar „banale" und langweilige Dinge und Geschehnisse des Alltags zum Inhalt hat. Emotional Gehemmte wundern sich oft darüber, daß freie und ungehemmte Menschen sich stundenlang über ganz allgemeine und unwichtige Dinge unterhalten, können und daran sogar auch nach Vergnügen haben. Das kommt daher, weil es der Gehemmte nicht kann. Könnte er es aber auch, würde es ihm ebenso Spaß machen, sich über Dinge zu unterhalten, die eigentlich gar nicht wichtig sind. Bei normalen und alltäglichen Unterhaltungen und Gesprächen geht es ja meist weniger darum, Gedanken oder Neuigkeiten auszutauschen, als vielmehr darum, einen lebendigen sozialen Kontakt zu seinen Mitmenschen zu erleben. Also darum: LEBENDIGES GESCHEHEN ablaufen und erleben zu lassen.

Sprechen als lebendiges Geschehen ist aktive Anteilnahme am sozialen Leben. Dabei kommt es weniger darauf an, WAS gesprochen wird, weniger auf den Gedankeninhalt und Informationsinhalt, sondern darauf, WIE gesprochen wird, welche Emotionen ausgedrückt werden und wie man aktiv am Gespräch und am lebendigen Geschehen des jeweiligen sozialen Kontaktes Anteil nimmt.

Und dabei kommt es nicht so sehr auf die Art und Weise der sprechmechanischen Wiedergabe, sondern mehr auf den TON, auf die emotionale Betonung an. Und auf das GESICHT, auf den emotionalen Ausdruck des Gesichtes und des Kopfes. Und auf die Teilnahme des GANZEN KÖRPERS, also auch auf die Teilnahme der Gesten, der Handbewegungen, Armbewegungen, Körperbewegungen und Körperhaltungen.

Lebendiges Anteilnehmen an einer sozialen Situation und Sprechen als lebendiges Geschehen bedeuten immer eine aktive Anteilnahme des GANZEN MENSCHEN und seiner GANZEN PERSÖNLICHKEIT. Alle Einzelausdrucksmerkmale spielen dabei eine wesentliche und bedeutende Rolle: Sprechinhalt, emotionale Betonung, Gesichtsausdruck, Gesten und Gebärden.

Gehen Sie dazu über, innerhalb Ihres Lebenskreises und Alltags, die folgende Formel bestmöglich zu verwirklichen:

ICH DRÜCKE MEINE EMOTIONEN FREI AUS:
DURCH EIN LEBENDIGES UND GEFÜHLVOLLES SPRECHEN,
DURCH EINEN FREIEN UND LEBENDIGEN GESICHTSAUSDRUCK
UND DURCH FREIE UND LEBENDIGE GESTEN UND GEBÄRDEN!

Denken Sie dabei immer daran, daß ein emotionaler Gesamtausdruck weiter nichts ist als ein ganz normales und selbstverständliches LEBENDIGES GESCHEHEN. Und dazu bedarf es keinerlei Anstrengungen. Im Gegenteil sogar: Alles geht ganz von selber, ganz von alleine, ganz automatisch. Sie brauchen in der Tat nur eines tun: DIE BREMSEN LÖSEN! DIE EMOTIONEN FREI HERAUSLASSEN! Ja – so einfach ist es. Früher haben Sie die Emotionen krampfhaft und angestrengt zurückgehalten und dadurch die Einheit von Gemüt und Ausdruck gestört. Jetzt aber lösen Sie Ihre emotionalen Bremsen, Sie lassen die Zügel locker und lassen die Emotionen so heraus, wie es normal und natürlich ist. Und dazu ist keinerlei Überwindung nötig, dazu brauchen Sie keine Kraftanstrengung, keine Verkrampfung und keinen starken Willen. Die Emotionen müssen ja nicht absichtlich oder durch eine willentliche Anstrengung ausgedrückt werden. Nein – denn die Emotionen haben ja von Natur aus den Drang in sich, sich selber auszudrücken. Dieses Bestreben und diesen natürlichen Drang nach einem freien Ausdruck haben die Emotionen immer und bei jedem Menschen. Der freie Mensch drückt sie auch tatsächlich aus. Beim emotional Gehemmten aber können sie sich nicht ausdrücken, weil er sie infolge einer negativen Erziehung angestrengt ZURÜCKHALTEN WILL. Und nun brauchen Sie nur dieses bewußte und angestrengte Zurückhaltenwollen, diese emotionale Bremse zu lösen und schon geht alles ganz von selber seinen normalen und natürlichen Weg. Die Emotionen drücken sich frei, spontan und ungehemmt aus und können sich nicht mehr auf schädliche und zerstörende Art und Weise stauen.

Bei der praktischen Verwirklichung der Formel: „ICH LASSE

ALLE MEINE EMOTIONEN FREI HERAUS . . .!“ werden Sie bemerken, daß es in den meisten Situationen schon ausreicht, wenn Sie nur an diese Formel denken. Daß sich dann der freie, spontane und ungehemmte emotionale Gesamtausdruck ganz von selber einstellt und daß alles ganz mühelos und automatisch gelingt. Wo es aber einmal nicht so leicht und einfach geht, dort hilft es Ihnen viel, wenn Sie an die unzähligen schädlichen Folgen des Zurückhaltens von Emotionen denken und sich ernsthaft fragen: „WOZU EMOTIONEN UNTERDRÜCKEN UND ZURÜCKHALTEN? WOZU UNGLÜCKLICHSEIN, LEIDERLEBEN UND KRANKHEITEN VERURSACHEN? – ICH LASSE MEINE EMOTIONEN FREI, SPONTAN UND WAHRHAFTIG HERAUS! – JA! – DAS MACHT MICH GLÜCKLICH, GESUND UND VOLL ENTFALTUNGSFÄHIG – JA!“

DER SCHLÜSSEL ZUM GLÜCKLICHEN LEBEN

Gehemmte Personen sind infolge ihrer vielen negativen und bedrückenden Lebenserfahrungen emotional träge. Sie neigen dazu, sich negativen Stimmungen, negativen Gefühlen und negativen Emotionen sehr leicht hinzugeben. Da im Leben gehemmter Personen die negativen Emotionen in der Überzahl sind, wird es ihnen gar nicht bewußt, daß man auch positive Emotionen bewußt bilden und im Bewußtsein festhalten kann. Und gerade diese Fähigkeit ist es, der wir einen großen Teil unseres Lebensmutes und unserer Lebensfreude verdanken. Der Fähigkeit des bewußten und absichtlichen Erzeugens positiver und lebensfördernder Emotionen wie Freude, Zufriedenheit, Gelassenheit, Fröhlichkeit, Heiterkeit und Glücksgefühl.

Der Mensch ist kein Sklave seiner Emotionen mehr, wenn er erst einmal die Fähigkeiten erfühlt hat, selber ganz bewußt positive Emotionen zu bilden und sie im Bewußtsein festzuhalten. Er ist aber seinen Emotionen – sowohl den positiven wie auch seinen negativen – hilflos ausgeliefert, wenn er von dieser Fähigkeit keine Ahnung hat. Dies kann jetzt anders werden. Nämlich mit dem Augenblick, wo einem die ganz und gar kristallklare Erkenntnis kommt, daß man in der bewußten Erzeugung positiver und lebensfördernder Emotionen den eigentlichen Schlüssel zu einem tatsächlich glücklichen Leben in der Hand hat. Dem wahren Schlüssel zu Glück, Gesundheit und optimaler Entfaltung.

Vielfach kann schon beim einfachen Durchlesen dieser Gedankengänge die beglückende Ahnung aufblitzen, daß hier der eigentliche Schlüssel zur grundsätzlichen Neugestaltung des ganzen Lebens liegt. Aber solche ahnungsvolle Gedankenblitze haben in der Praxis des alltäglichen Lebens keine Wirkung. Erst durch das wiederholte FÜHLEN, ERFAHREN und ERLEBEN dieser Dinge kann die nötige und kristallklare Erkenntnis voll zu Bewußtsein kommen.

Erst dann, wenn diese kristallklare Erkenntnis mehrmals wiederholt das ganze Bewußtsein erfaßt hat, wird daraus eine praktisch verwertbare Fähigkeit, die darin besteht, daß man den Schlüssel zu einem glücklichen Leben nicht nur erkannt hat. sondern ihn auch tatsächlich benützt und mit ihm das verschlossene Tor zu GLÜCK, GESUNDHEIT und ENTFALTUNG aufschließt. Der Schlüssel alleine ist wertlos! Das Tor SELBER ZU ÖFFNEN, das ist ALLES!

Das Leben spielt sich auf der Ebene der Wirklichkeit ab, auf der Ebene des HIER, JETZT und SOSEINS. Dieses Buch beschreibt Ihnen den Weg zu Glück, Gesundheit und Entfaltung. Aber immer wird nur das Ihre EIGENE WIRKLICHKEIT, was Sie daraus auf die Ebene des HIER, JETZT und SOSEINS übersetzen. Gedanken, Träume und Phantasien – eingebildete Möglichkeiten – haben keine Wirkung. Nur Ihr EIGENES TUN hat eine Wirkung.

SCHLUSSWORT

Sie haben nun einen Weg kennengelernt, der zu optimalem Glückserleben, zu optimaler Gesundheit und zu optimaler Entfaltung führen kann. Ja: KANN, denn es kommt nun darauf an, ob und wie seit Sie diesen Weg GEHEN. Wenn Sie ihn gehen, dann kann ein Erfolg nicht ausbleiben. Viele der in diesem Buch beschriebenen und die in den Vital-Kybernetik-Seminaren praktizierten Übungen und Anleitungen haben bereits in Tausenden von Fällen hervorragende Wirkungen und Erfolge gebracht. Aber in jedem Fall war der Erfolg weiter nichts als die Folge der tatsächlich durchgeführten Übungen.

Theorien und Lehren, Erkenntnisse und Erklärungen sind weiter nichts als Anregungen, Wegweiser und Ansporn. Das aber auch nur dort, wo sie verwirklicht werden, wo der gewiesene Weg gegangen wird, wo der Ansporn zur TAT wird. Wo sie also NUR MITTEL zum Zweck sind. Überall dort aber, wo man sich mit Theorien und Lehren, mit Erkenntnissen und Erklärungen nur um ihrer selbst willen beschäftigt, sind sie weiter nichts als intellektuelle Spielereien ohne jede praktische Wirkung.

Der Mensch lebt innerhalb einer natürlichen, persönlichen und sozialen WIRKLICHKEIT. Sein Leben besteht aus ERLEBNISSEN, ERFAHRUNGEN und GESCHEHNISSEN. Nicht aber aus unwirklichen Gedankengebilden, nicht aus

Tagträumen und Phantasiebildern. Nur im Leben selber liegt der Sinn des Lebens. Wer diesen Sinn noch nicht gefunden hat, lebte bisher nicht in der Wirklichkeit. Nur im vollbewußten ERLEBEN wird der Sinn des Lebens als BEGLÜCKENDE WIRKLICHKEIT ERFAHREN. Nun liegt es an Ihnen selber, den unmittelbaren Sprung in die Wirklichkeit systematisch vorzubereiten, den Sprung in IHRE EIGENE BEGLÜCKENDE WIRKLICHKEIT!

von Dürckheim, K., Im Zeichen der großen Erfahrung;
O.W. Barth Verlag (München-Planegg 1958)
Endres, F.C., Der Augenblick ist Ewigkeit;
Rascher Verlag (Zürich 1953)
Frank, H., Kybernetik;
Umschau Verlag (Frankfurt am Main 1964)
Friedrich, R., Medizin von Morgen;
Süddeutscher Verlag (München 1955)
Gutwirth, S.W., You can learn to relax;
Wilshire Book Company (Hollywood 1961)
Hoff, H. und Ringel, E., Aktuelle Probleme der psychosomatischen Medizin;
Jolis Verlag Lenz & Co. (München 1964)
Kojc, M., Das Lehrbuch des Lebens;
Pohl & Co. (Graz 1962)
Ladner, M., Wirklichkeit und Erlösung;
Verlag Christiani (Konstanz 1952)
Lambert, F., Autosuggestive Krankheitsbekämpfung;
Benno Schwabe & Co. (Basel 1962)
Levi, L., Stress, Körper, Seele und Krankheit;
Musterschmidt Verlag (Göttingen 1964)
Magonet, A.P., The Healing Voice;
Heinemann (London 1959)
Maisel, E., Gesund durch Tai Chi;
Albert Müller Verlag (Rüschlikon-Zürich 1965)
Maltz, M., Erfolg kommt nicht von ungefähr;
Econ Verlag (Düsseldorf 1962)
Mang, H., Psyche und Hormon;
Verlag Hans Huber (Bern 1960)
Metzner, A., Weltproblem Gesundheit;
Imhausen International (Lahr/Schwarzwald 1961)
Nyanaponika, Der einzige Weg;
Christiani Verlag (Konstanz/Bodensee 1965)

Pawlow, I.P., Sämtliche Werke;
Akademie-Verlag (Berlin 1953)
van Pelt, S.J., Secrets of Hypnotism;
Neville Spearman (London 1958)
Pfeiffer, J., Die lebende Zelle;
TIME-LIVE International (1965)
Preuschen, G., Sinnvoller leben – glücklicher leben;
Gerhard Stalling Verlag (Oldenburg 1958)
Rattner, J., Psychosomatische Medizin Heute;
Werner Classen Verlag (Zürich 1964)
Salter, A., Conditioned Reflex Therapy;
Creative Age Press (New York 1949)
Sargant, W., Der Kampf um die Seele;
R. Piper & Co. (München 1958)
Schultz, J.H., Das Autogene Training;
Georg Thieme Verlag (Stuttgart 1964)
Simeons, A.T.W., Das tyranische Gehirn;
Albert Müller Verlag (Rüschlikon-Zürich 1962)
Steinbuch, K., Automat und Mensch;
Springer-Verlag (Berlin 1965)
Stokvis, B., und Wiesenhütter, E., Der Mensch in der Entspannung;
Hippokrates Verlag (Stuttgart 1961)
Thoma, K.P., Vegetative Dystonie, die Allerweltskrankheit;
Lebensweiser Verlag (Büdingen-Gettenbach 1959)
Völgyesi, F.A., Hypnosetherapie und psychosomatische Probleme;
Hippokrates Verlag (Stuttgart 1950)
Walter, W.G., Das lebende Gehirn;
Knaur (München 1963)
Wassiliew, L., Experimentielle Untersuchungen zur Mentalsuggestion;
Franke Verlag (Bern 1965)
Watts, A.W., Weisheit des ungesicherten Lebens;
O.W. Bart Verlag (München-Planegg 1955)
Wieser, W., Organismen – Strukturen – Maschinen;
Fischer (Frankfurt am Main 1959)
Wiener, N., Mensch und Menschmaschine;
Ullstein (Frankfurt am Main 1958)
Winbigler, Ch. F., Suggestion . . . its Law and Application;
Wilshire Book Company (Hollywood 1957)
von Uexküll, Th., Grundfragen der psychosomatischen Medizin;
Rowohlt (Hamburg 1963)
Shri Yogendra, Yoga Personal Hygiene, Band I und II;
The Yoga Institute (Bombay 1958)